CANDIDATAS

MALU A. C. GATTO & DÉBORA THOMÉ

CANDIDATAS

Os primeiros passos das mulheres na política no Brasil

FGV EDITORA

Direitos desta edição reservados à
FGV EDITORA
Rua Jornalista Orlando Dantas, 9
22231-010 | Rio de Janeiro, RJ | Brasil
Tel.: 21-3799-4427
editora@fgv.br | www.editora.fgv.br

Impresso no Brasil | *Printed in Brazil*

1ª edição: 2024

Preparação de originais: Angela Vianna
Projeto gráfico de miolo e diagramação: Mari Taboada
Revisão: Michele Mitie Sudoh
Capa: Estúdio 513

Dados Internacionais de Catalogação na Publicação (CIP)
Ficha catalográfica elaborada pela Biblioteca Mario Henrique Simonsen/FGV

Aberceb Carvalho Gatto, Maria Luiza
Candidatas : os primeiros passos das mulheres na política no Brasil / Malu A. C. Gatto, Débora Thomé. - Rio de Janeiro : FGV Editora, 2024.
200 p.

Inclui bibliografia.
ISBN: 978-65-5652-304-0

1. Mulheres na política – Brasil. 2. Candidatas políticas - Brasil. I. Thomé, Débora. II. Fundação Getulio Vargas. II. Título.

CDD – 320.0820981

Elaborada por Márcia Nunes Bacha – CRB-7/4403

A Nina, que entrou na minha vida há pouco, mas já me presentou com enorme paciência e companhia. Obrigada, filha, pela generosidade em me permitir ser eu mesma.

A Hildete Pereira de Melo, Míriam Leitão e Octavio Amorim Neto, mentes brilhantes e generosas, professores do coração, a quem tenho a sorte de chamar de amigos.

Sumário

Prefácio

*Jacqueline Pitanguy**

Malu Gatto e Débora Thomé escreveram um livro de ciência política com a leveza e a fluência de quem escreve um romance de leitura fácil e cativante. Esse é o primeiro encanto de *Candidatas: os primeiros passos das mulheres na política no Brasil*. O outro, o rigor metodológico no exercício do ofício de pesquisadoras, apresentando dados e identificando padrões e semelhanças na trajetória das candidatas. E há ainda a fidelidade às suas vozes, o respeito à sua diversidade e, como gênero é um conceito relacional, a preocupação em também ouvir candidatos.

A trajetória de Luciana – e de outras tantas candidatas pelo Brasil afora – é o relato de sagas individuais em universos adversos. Acompanhamos quem são essas mulheres (mais instruídas que os homens e majoritariamente de direita) desde a decisão de se candidatarem e o porquê, até os percalços e barreiras enfrentados para viabilizar a candidatura na família, no partido político, durante o desenrolar da campanha, na luta por recursos; bem como os resultados da saga, na qual a maioria das candidatas não se elege. Mas elas marcam posição, desvendam discriminações, denunciam violências e, sobretudo,

* Socióloga, foi presidente do Conselho Nacional dos Direitos da Mulher (CNDM), de 1986 a 1989, sendo uma das protagonistas do Lobby do Batom. É fundadora e coordenadora-executiva da ONG Cepia.

escancaram a posição vergonhosa do Brasil que, apesar dos avanços, continua um dos países com menor proporção de mulheres eleitas. Entre nossos vizinhos e no mundo. Até quando?

Como gênero, enquanto marcador de desigualdade, não se conjuga sozinho, raça e etnia entram no jogo do poder em uma coreografia perversa que, se por um lado, demonstra o avanço de mulheres negras em se tornarem maioria entre as candidatas, e de mulheres indígenas em entrarem nesse cenário, de outro, evidencia o quanto os critérios de raça, sexo, etnia e orientação sexual permanecem. O legislativo brasileiro – e o executivo – continua a ser branco e masculino. Até quando?

Enquanto a violência se entrelaça na política brasileira, atingindo quem envereda por esses caminhos, as entrevistas realizadas por Débora e Malu demonstram como ela adquire contornos específicos nas candidaturas de mulheres, sobretudo nas de mulheres trans. Se, por séculos, a sexualidade foi um fator de domínio e submissão das mulheres pelos homens, ainda hoje exerce este papel no interior dos partidos, nas redes sociais, nos embates eleitorais. A violência política de gênero de cunho sexual atinge mais as mulheres do que os homens, e elas já enfrentam a maior carga de violência econômica, psicológica e simbólica.

E ainda assim persistem. A resiliência é apontada pelas autoras como uma característica destas mulheres, que, em sua diversidade, insistem em permanecer na luta. E trazer alguma esperança ao cenário desolador da discriminação de gênero na política brasileira, tão bem retratado neste livro.

1

Mulheres na política no Brasil

Em 15 de novembro de 2020, Luciana Malta* saiu cedo de casa, com máscara no rosto, e foi votar. Apesar de já ter comparecido à sua seção eleitoral algumas vezes na vida, aquela não era uma eleição qualquer. Isso porque, em frente à urna eletrônica, pela primeira vez Luciana poderia realizar um sonho que alimentava desde criança: escolher o seu número, ver a sua foto na tela e apertar Verde-Confirma.

Nascida e criada na cidade de São Gonçalo, na região metropolitana do Rio de Janeiro, Luciana via na política uma forma de transformar a sua realidade. Morando em uma cidade com 40% da população vivendo abaixo da linha de pobreza, com educação e saneamento precários, Luciana sempre acreditou que sua atuação poderia ser decisiva para melhorar a qualidade das políticas públicas e transformar o seu município. Com essas ideias em mente, ela se dedicou com firmeza aos estudos e acabou entrando na faculdade aos 20 anos, em 2016. Mãe de uma menina com autismo e cursando ciências sociais na Universidade Federal Fluminense, Luciana passou a ser vista pela sua comunidade como uma potencial liderança e aceitou o desafio.

* Para garantir o anonimato das candidatas, sempre utilizaremos pseudônimos ao longo do livro.

Assim, naquele ano, além de mãe, mulher preta, estudante universitária e moradora de uma cidade da periferia, Luciana também passou a ser candidata.

A decisão tomada naquele momento faria com que Luciana perdesse tempo de convívio com a filha, que arriscasse sua renda, ao parar de trabalhar, que pusesse em risco sua saúde e sua integridade física fazendo campanha na rua, que tivesse de enfrentar lutas internas no seu partido e lutas externas com suas e seus concorrentes. Faria tudo com uma chance mínima de ser eleita. Nada a impediu.

A candidatura de Luciana representa a exceção da exceção. De acordo com o Censo de 2022, 51,5% da população brasileira é composta por mulheres, cerca de 104,5 milhões de pessoas. No entanto, quando se trata de posições de liderança em vários setores da sociedade e, mais especificamente, da participação política, as mulheres têm uma presença percentual muito menor que a dos homens. Na primeira eleição em que Luciana participou, em 2020, as mulheres foram 34% do total de candidatas e candidatos e 16% do total de vereadoras e vereadores eleitos. Em São Gonçalo, onde ela concorreu por uma cadeira, entre 27 vereadores eleitos, apenas uma mulher conseguiu a vaga.

O caso de São Gonçalo não difere muito do de outras cidades do Brasil, onde quase mil municípios (dos 5.570) não elegeram uma mulher sequer, tendo as cadeiras de suas Câmaras de Vereadores todas ocupadas por homens. Essa ausência de mulheres se repete nas assembleias estaduais, assim como na Câmara dos Deputados e no Senado, onde mulheres são, em 2024, respectivamente, 17,7% das deputadas federais e 18,5% das senadoras. Em 2024, apenas duas mulheres, Fátima Bezerra e Raquel Lyra, são governadoras, e 12% são prefeitas.

Não à toa, o Brasil ocupa hoje a penúltima posição na América Latina, de acordo com a Inter-Parliamentary Union, quando se trata de mulheres na política. A comparação é feita olhando sempre para as câmaras baixas (aqui, a Câmara dos Deputados), e, nesse quesito, enquanto México, Bolívia e Argentina ocupam, respectivamente, 4ª, 11ª e 17ª posição, o Brasil está na 132ª.

Um pouco de história

Por esses números, já é possível notar que a vida das mulheres na política no Brasil não é nada fácil (não que o seja no mundo, mas o país está no grupo em que o desafio é maior). Mesmo com o voto feminino aprovado em 1932, à frente de muitos outros países latino-americanos, a participação das mulheres ainda permanece escassa; em grande parte, resultado da quantidade de empecilhos que encontram desde o momento em que decidem entrar para um partido e se candidatar – o que nem sempre acontece nesta ordem – até a hora em que são finalmente eleitas.

Para homens e mulheres, ser eleito é algo bem difícil. Por exemplo, a taxa de sucesso para deputados federais, se considerarmos todos os candidatos que tentaram se eleger em 2022, é de 5,2%. No entanto, quando se trata das mulheres, os obstáculos, dentro e fora dos partidos, são muito maiores. Observando essas mesmas eleições, enquanto 3.429 mulheres se candidataram, somente 2,5% foram eleitas em 2022 para a Câmara dos Deputados.

As regras não as favorecem; assim como as negociações com suas famílias e as expectativas das pessoas de seu convívio.

Mesmo que o tempo e a lei fossem outros, o desafio das mulheres que querem integrar a política vem de longe, quando não tínhamos sequer direito ao voto. A primeira mulher de que se tem notícia que tentou se candidatar no Brasil foi a dentista baiana Isabel Dillon. Ela quis sair candidata em 1890, ainda no século XIX, concorrendo a uma vaga na primeira Assembleia Constituinte da República. Isabel Dillon alegava que não havia nada na legislação que excluísse as mulheres da participação. Seu entendimento se baseava na Lei

Saraiva, de 9 de janeiro de 1881, promulgada no Império, que, dizia que são eleitores: "Os habilitados com diplomas científicos ou literários de qualquer faculdade, academia, escola ou instituto nacional ou estrangeiro, legalmente reconhecidos" (Portal da Câmara dos Deputados, [s.d.]). Ou seja, por essa perspectiva, portadora de um diploma, ela estava apta para participar da vida política. Isto é: podia votar e se candidatar.

No jornal *Gazeta de Notícias*, Isabel Dillon assinou uma nota intitulada "Circular", publicada em 25 de agosto de 1890, na qual dizia:

> Entendendo que um governo democrático não pode privar uma parte da sociedade de seus direitos políticos, uma vez que as mulheres não foram francamente excluídas das urnas eleitorais pela nossa Constituição vigente, sendo eleitora em pleno gozo de meus direitos civis e políticos, apresento-me candidata à Constituinte, escolhendo o estado da Bahia, terra que me deu berço; conto com a independência e o civismo do eleitorado baiano, para quem faço um apelo. [Dillon, 1890:3]

Mesmo diante do apelo, ela foi barrada e nem conseguiu se alistar. Naquele momento, a participação das mulheres na vida pública e política era vista como um risco à constituição das famílias, podendo significar uma ameaça e a dissolução.

Nos debates que se seguiram nos anos posteriores à tentativa de Isabel Dillon de se candidatar, as sufragistas intensificaram sua luta pelo direito ao voto feminino. Na ocasião, havia alguns deputados que advogavam pelos direitos de participação política das mulheres, como Aristides César Spinola Zama, que dizia não recear "que as funções políticas no nosso país sejam também exercidas pelo belo sexo" (apud Fonseca & Fachin, 2018:6). Entretanto, a maioria era enfática em manter as mulheres distantes de seus direitos políticos, incluindo voto e candidatura. Isso embora elas tivessem fundado partidos no início do século XX e participado anteriormente de forma intensa nos movimentos abolicionistas e republicanos.

Passados os intentos de Isabel Dillon, foram necessários mais 38 anos (quase meio século!) para que uma mulher finalmente viesse a disputar um cargo político e ser eleita. Alzira Soriano, com apoio da feminista histórica Bertha Lutz e do político Juvenal Lamartine de Faria, passou a ocupar a prefeitura de Lajes, no Rio Grande do Norte, em 1º de janeiro de 1929 (Melo & Thomé, 2022). Os relatos de sua campanha não são muito diferentes daqueles contados pelas candidatas cujas histórias serão narradas e analisadas neste livro. Quase cem anos depois, uma luta muito parecida.

Apesar de emblemático, o caso da candidatura e da eleição de Alzira Soriano foi isolado, uma vez que o direito político das mulheres era garantido apenas no seu estado. Com o voto e o direito a disputar finalmente aprovados nacionalmente em 1932, as primeiras mulheres concorreram em 1934 (entre elas, Bertha Lutz). Mas apenas uma foi eleita: Carlota Pereira de Queiroz, médica que participou da Revolução Constitucionalista (ibid.).

Também ela, mesmo que deliberadamente negasse sofrer preconceitos por ser mulher e candidata, narrou em seus diários uma série de desafios enfrentados na vida política (Schpun, 1999). Com as amigas que lideravam sua campanha, fez um enorme esforço para que as mulheres se alistassem para votar, pois sabiam que os votos de que Carlota precisava para se eleger dificilmente viriam dos homens. Uma vez eleita, no exercício do seu mandato, Carlota escreveu em seu diário, sobre uma viagem ao Rio Grande do Sul: "Foi esse o maior desaponto da minha viagem. Acabei por me convencer de que o fim da minha vinda para eles foi apenas decorativo, nunca me consideraram membro da comitiva" (apud Schpun, 1999:341).

Luciana Malta e milhares de outras candidatas no Brasil, décadas depois, viveriam dramas muito parecidos aos de Isabel, Bertha e

Carlota em suas trajetórias na vida política. Esses desafios resultaram nos baixíssimos números de representação feminina no país, os quais persistiram até o fim da ditadura militar, em 1985.

Candidatas na democracia

Mesmo que este livro esteja apenas começando, já deve estar evidente que são muitos os obstáculos quando se tentam unir dois temas: mulher e política. Mas foi no período pós-redemocratização, quando a competição partidária voltou de forma aberta, que as dificuldades para mudar esse cenário ficaram ainda mais explícitas. Mesmo tendo representado um papel fundamental na luta pela redemocratização, no movimento de anistia e no processo de elaboração da Constituição de 1988, com o Lobby do Batom (Alves & Pitangui 2022), as mulheres não tiveram resultados eleitorais à altura de seus esforços, e a participação política nas grandes disputas eleitorais nos anos que se seguiram não aumentou muito.

Foram várias as que se candidataram para compor a Assembleia Constituinte; e, de fato, se elas haviam sido apenas oito (1,6% da Câmara dos Deputados) na legislatura anterior, foram eleitas três vezes mais, 26 mulheres (5,3% do total de deputados), para participar da redação da nova Carta.

Entretanto, na primeira eleição direta para o cargo de presidente após o fim da ditatura, em 1989, mesmo com 22 candidatos disputando, apenas um deles era mulher (Lívia Maria Pio, do Partido Nacionalista). Os pleitos para outros cargos não foram tão diferentes. Nas eleições gerais de 1990, nenhum dos 27 governadores eleitos era mulher. Para a Câmara dos Deputados, foram eleitas mulheres para 29 das 503 cadeiras. A composição do Senado para a Legislatura de 1991-1995 também só contou com cinco mulheres (entre os 81 assentos).

Mas a baixa representação política das mulheres não era um problema só no Brasil. Em 1990, em todo o mundo, as mulheres ocupavam na média apenas 9,4% dos assentos nos parlamentos. Na Europa, região que estava mais avançada neste quesito, apenas 13,8% dos legisladores eram mulheres, na média. Já na América do Sul, a presença das mulheres nas legislaturas era mais baixa: 9,8% (Our World in Data, 2023).

Ainda que o retorno da democracia ao Brasil tenha feito com que o tema se tornasse mais premente, inclusive por pressão das feministas (Sorj, 2000; Pinto, 2010), a verdade é que, mesmo bem antes da década de 1990, a baixa representação política das mulheres em todo o mundo já chamava a atenção das organizações internacionais. Quando a Convenção sobre a Eliminação de Todas as Formas de Discriminação contra as Mulheres (Cedaw, na sigla em inglês) foi instituída, em 1979, já se reconhecia a sub-representação política feminina como uma falha cuja correção os países deveriam priorizar. Entretanto, apesar de identificar o problema, a Convenção não estipulou metas ou mecanismos para remediá-lo.

Ainda que não tivessem uma orientação internacional, alguns países consideraram que era fundamental reunir esforços para mudar esse cenário. Por exemplo, na década de 1980, partidos políticos em países escandinavos, como Suécia e Noruega, começaram a adotar metas internas para a seleção de mulheres em suas listas de candidatos. Países da América Latina não ficaram para trás, muito pelo contrário. No Brasil, em meio à ditadura militar, em 1978, o deputado José Santilli Sobrinho apresentou o Projeto de Lei (PL) nº 5.838, que propunha estabelecer que, nas listas dos partidos, um mínimo de 20% das candidaturas fossem de mulheres (Gatto, 2016). Diferentemente das metas internas adotadas pelos partidos escandinavos, o projeto tinha o objetivo de estabelecer uma lei nacional, aplicada a todos os partidos. De modo talvez não surpreendente, dado o contexto político da época, o PL não foi adiante.

Em 1988, foi a vez da Costa Rica tentar adotar uma lei de cotas. Diferentemente do caso brasileiro, quando a proposta de estabelecer uma cota de gênero para cargos eletivos foi apresentada, o país da América Central já tinha quase 40 anos de experiência com um regime democrático. A proposta, apresentada pelo presidente Óscar Arias e alavancada publicamente pelo apoio da então primeira-dama Margarita Penón, tinha como objetivo explícito legislar sobre os princípios de igualdade de gênero estabelecidos pela Cedaw. O projeto era bem amplo, tocando em vários pontos da desigualdade de gênero. Apesar de grande parte do projeto de lei ter sido aprovada, a legislatura costarriquenha retirou dele a proposta que estabelecia uma lei de cotas para cargos eletivos.

Mas as tentativas de adoção de cotas na América Latina não foram todas frustradas. Confrontadas com o baixo número de mulheres eleitas nas urnas em 1983 – as primeiras no período pós-transição da ditadura –, em 1989, as poucas legisladoras mulheres argentinas apresentaram um projeto de lei que visava estabelecer uma cota de gênero para as listas de candidatos à Câmara dos Deputados. A proposta, que teve também o apoio do então presidente Carlos Menem, foi aprovada em 1991 (Chama, 2001). Ao estabelecer a reserva de 30% das candidaturas para mulheres, a Argentina se tornou o primeiro país do mundo a adotar uma lei de cotas de gênero – ou seja, uma política nacional aplicada a todos os partidos.

Mesmo com algumas tentativas pontuais, poucas mudanças ocorreram no cenário mundial: as candidatas seguiram com muita dificuldade para se eleger, e as taxas de representação feminina continuaram baixas. Diante disso, em 1995, a IV Conferência das Nações Unidas sobre a Mulher, que aconteceu em Pequim, na China, retomou a discussão sobre o problema global da desigualdade de gênero no acesso ao poder político. Os países signatários da Plataforma de Ação deveriam estabelecer normas e instituir mecanismos para promover a eleição de mais mulheres nos espaços de poder e estruturas de decisão (Baldez, 2011).

A adoção da lei de cotas na Argentina e o novo enfoque internacional para promover maior representação feminina motivaram novos debates sobre essa lei em todo o mundo, principalmente na América Latina. Nos últimos cinco anos da década de 1990, dez países latino-americanos adotaram leis de cotas de gênero. O Brasil foi um deles.

Lei de cotas no Brasil – mais espaço para as candidatas

As experiências internacionais acabaram sendo fundamentais para inspirar a proposta brasileira. Como relatou a então deputada Marta Suplicy, autora do PL nº 783 de 1995, que propunha estabelecer uma lei de cotas para as eleições às Câmaras Municipais no Brasil, essa foi uma das molas propulsoras de seus esforços:

> Durante o Seminário de Mulheres Parlamentares Latino-americanas e do Caribe, realizado pela Comissão de Mulheres do Parlatino e organizado na Sede do Parlatino por uma Comissão de Parlamentares Brasileiras, em São Paulo, em julho de 1995, a apresentação dos resultados da implantação das cotas na Argentina, bem como o debate de como a questão vem sendo tratada na América Latina e em todo o mundo, foi a fagulha que acendeu novas perspectivas de ação para as parlamentares brasileiras presentes. [Suplicy, 1996:134]

No contexto das reformas eleitorais de 1995 e 1997, que tinham como objetivo estabelecer regras para as eleições municipais e nacionais, o Brasil adotou uma lei de cotas reservando primeiramente 20% e, depois, 30% das vagas nas listas para as eleições proporcionais – ou seja, para as Câmaras Municipais, Assembleias Legislativas e Câmara dos Deputados – para mulheres.

A adoção da cota de gênero no Brasil foi um marco importante: ao ser instituída, reconheceu-se publicamente a necessidade de promover a maior representação das mulheres nos cargos de liderança no âmbito público.

Apesar da regra, o comprometimento do Estado em aumentar a proporção de mulheres concorrendo a cargos eletivos demorou para sair do papel. Em 2006, uma década após a adoção da cota de gênero no Brasil, apenas 13% dos candidatos concorrendo a uma vaga para a Câmara dos Deputados eram mulheres; entre os deputados eleitos naquele ano, somente 9% eram mulheres.

A incapacidade da cota de gênero de transformar a cara da política não foi de todo uma surpresa. Políticos eleitos tendem a proteger o seu quinhão de poder. Assim, dar espaço para outros grupos pode significar abrir mão das suas próprias vagas. Ou seja, como são 513 cadeiras na Câmara dos Deputados, sempre que uma mulher a mais é eleita, necessariamente há um homem a menos. Como ambos – desenho e implementação das cotas – estão sob os cuidados dos políticos eleitos e dos seus partidos políticos, os maiores interessados, eles mesmos, têm o poder de barrar o avanço de políticas que poderiam efetivamente promover mudanças e reduzir a desigualdade de gênero no Congresso (Gatto, 2016).

Por exemplo, no caso brasileiro, a falta de punição para os partidos que não cumprissem com a cota fez da lei uma mera "recomendação". A adoção da cota de gênero no Brasil, portanto, foi similar ao caso de outros países durante o mesmo período: um ato simbólico de apoio à maior representação política das mulheres, sem a instituição de mecanismos e de regras eficazes para transformar esse objetivo em realidade. Na prática, acabou se mantendo o *status quo*.

Cientes dessas fragilidades no desenho das cotas, com o objetivo de fortalecer a efetividade da regra, durante o debate da minirreforma eleitoral de 2009, legisladoras mulheres de diversos partidos se uniram para propor uma série de mudanças na lei. Essas propostas incluíam, por exemplo, o estabelecimento de punições para partidos que não cumprissem a cota e a reserva de tempo durante o horário eleitoral para a propaganda de candidatas mulheres. Durante o processo de negociação, quase todas as propostas das legisladoras caíram e não foram adiante, mas a legislatura aprovou a recomendação de mudar a linguagem da lei. Nela, então, passou a estar registrado que 30% das vagas nas listas de candidatos deveriam ser "preenchidas por" – e não apenas "reservadas para" – mulheres. Tal brecha, que vigorava até aquele momento, havia permitido aos partidos afirmarem que estavam cumprindo a cota, mesmo deixando de preencher muitas vagas.

Apesar de parecer pequena, a mudança no verbo expresso na lei foi fundamental, já que permitiu que o Tribunal Superior Eleitoral (TSE) passasse a rejeitar listas partidárias que não nomeassem mulheres para 30% das vagas. A possibilidade de punição pelo não cumprimento da lei de cotas gerou frutos: entre 1998 e 2006, menos de 15% das listas partidárias apresentadas cumpriam com a lei de cotas; em 2010, esse número subiu para 22,1% e, a partir de 2014, para mais de 30% (Gatto & Wylie, 2021).

De fato, ocorreu um aumento substantivo na nomeação de candidatas mulheres. Contudo, a reforma de 2009 e o maior monitoramento do TSE sobre as listas partidárias continuaram insuficientes para aumentar de forma substancial o percentual de mulheres eleitas. Isso porque, apesar da mudança das regras, os políticos eleitos e os partidos, de maneira geral, continuaram tentando preservar os seus espaços. Para tal, se adaptaram ao maior monitoramento do TSE à cota de gênero: passaram a nomear mais mulheres (e, assim, cumprir com a cota), mas aumentaram também a prática de nomear um grande número de candidatas não competitivas. Popularmente conhecidas como "laranjas", essas candidatas compõem a lista partidária, mas não conseguem conduzir campanhas efetivas, portanto, não apresentam maior concorrência com os candidatos homens.

Por manobras como essas, desde 1995, quando ocorreram os primeiros debates sobre a cota no Brasil, as legisladoras já indicavam que, para ser efetiva, uma política que visa promover a maior representação feminina no país deveria não somente garantir espaço para as candidaturas de mulheres, mas também assegurar que as nomeadas conseguissem competir em condição de igualdade com os homens.

Em busca de financiamento

No contexto brasileiro, em que as campanhas eleitorais são fundamentais para apresentar os candidatos aos eleitores, para lhes dar visibilidade e para fazer com que seja possível distingui-los das outras dezenas de opções, o acesso a recursos financeiros é um fator importante para que um candidato se torne competitivo. Justamente por saberem disso, as legisladoras tentaram, por décadas, garantir que a reserva de candidaturas para mulheres fosse acompanhada da reserva de recursos para suas campanhas. Após 20 anos, durante a reforma eleitoral de 2015, as deputadas finalmente conseguiram avançar um pouco: garantindo que de 5% até 15% dos recursos do fundo partidário fossem reservados para as campanhas de mulheres – um valor muito mais baixo que o originalmente demandado (Gatto, 2016).

Esse pequeno avanço abriu portas para o fortalecimento da lei de cotas via Judiciário. Argumentando que a legislação adotada em 2015 era inconstitucional, já que estabelecia um teto – ou seja, um valor máximo – a ser reservado para as mulheres, deputadas federais e senadoras, com o apoio de organizações da sociedade civil, buscaram aumentar a reserva do financiamento e remover o teto estabelecido durante a reforma adotada pelo Congresso.

Também em 2015, o Superior Tribunal Federal (STF) decretou inconstitucional as doações de empresas para as campanhas eleitorais. Os legisladores revidaram, criando, em 2017, o Fundo Especial de Financiamento de Campanha (FEFC) – um fundo público que visava uma espécie de compensação pela perda dos recursos empresariais para campanhas.

Essa decisão, que nada tinha a ver com promover maior representatividade feminina – e, sim, com manter a vantagem eleitoral dos políticos eleitos e dos seus partidos –, sem querer, acabou também criando uma oportunidade para o fortalecimento da cota de gênero. O então procurador-geral da República, Rodrigo Janot, concordou com a interpretação de que a lei aprovada ia contra o princípio de igualdade. Por meio da Ação Direta de Inconstitucionalidade nº 5.617, Janot instituiu que, para manter congruência com a reserva de candidaturas estipulada pela lei de cotas, pelo menos 30% do fundo partidário deveriam ser destinados às campanhas femininas (Thomé, 2019). Esse mesmo raciocínio permitiu às legisladoras em prol da causa e às organizações da sociedade civil argumentarem que a reserva de pelo menos 30% de financiamento deveria se aplicar não somente ao fundo partidário, mas também ao FEFC. Em decisão publicada em março de 2018, o TSE concordou com essa perspectiva. Nas eleições de outubro daquele ano, o FEFC distribuiu R$ 1,7 bilhão. A decisão do TSE garantiu que 30% do valor fosse destinado às candidaturas femininas. As decisões judiciais foram celebradas pelas mulheres, que por décadas lutavam em prol de uma política de cotas eficaz: a reserva de financiamento para campanhas prometia, finalmente, viabilizar a competitividade das candidaturas femininas (Marques, Celini & Dos Santos, 2021).

Uma vez que esse modelo estava em voga para as candidaturas de mulheres, dois anos depois, em 2020, a deputada federal Benedita da Silva (PT-RJ) fez uma consulta formal ao TSE na qual questionava a possibilidade de expansão da regra para candidaturas de pessoas pretas e pardas (Campos, 2021). Em agosto de 2020, três meses, portanto, antes das eleições daquele ano, o TSE acatou parte da demanda da deputada. Isso incluía o financiamento mínimo proporcional e também um mínimo de tempo no horário gratuito eleitoral (tempo de rádio e TV) a serem dedicados às candidaturas de pessoas pretas e pardas. O Tribunal entendeu que se tratava de medidas antidiscriminatórias diante de partidos que ainda tomavam decisões baseadas em preconceito de raça.

Mas como a história tende a se repetir, principalmente quando o assunto é a preservação do *status quo*, o fortalecimento das regras para promover maior representação feminina novamente foi insuficiente para mudar o cenário de dominação masculina. Como já era de praxe, os deputados experientes e seus partidos políticos utilizaram dos seus conhecimentos sobre o processo eleitoral e sobre campanhas para manipular a distribuição de recursos e garantir que eles não saíssem perdendo com as decisões do STF e do TSE. As manobras que utilizaram para burlar as novas regras foram muitas: concentrar a reserva na campanha de mulheres candidatas a cargos majoritários, nomear mulheres para posições de vice e produzir material de campanha em formato de "dobradinha", por exemplo, estampando a foto de um candidato homem com uma candidata mulher, incluindo isso nos custos de material de campanha da candidata. Por fim, os partidos ainda decidiram entrar na justiça e mudar as regras no Congresso para que não fossem punidos por não terem cumprido o repasse dos fundos partidários e de financiamento de campanha.

Mesmo assim, elas persistem

O que se pode concluir ao analisar esse breve histórico é que a sub-representação feminina no Brasil não acontece por acaso: ela é fruto de um plano de poder no qual os envolvidos têm a perfeita noção de que, para que mais mulheres ocupem cadeiras das câmaras e assembleias, é necessário haver menos homens nesses mesmos espaços. O caso das cotas é eloquente: lá se vão quase três décadas buscando fortalecer uma lei que deveria já estar em perfeito funcionamento. O movimento das mulheres vem trabalhando com persistência, assim como muitas das legisladoras, mas as barreiras são quase intransponíveis.

Poderíamos ainda listar muitas das curvas deste caminho tortuoso para a inclusão das mulheres no poder. Esses obstáculos terminam por ferir a nossa democracia, evidenciando o quanto ela ainda está incompleta.

No entanto, queremos chamar a atenção para outro aspecto dessa história, algo que nos surpreende: como é possível que, mesmo diante de todas as dificuldades, ainda são numericamente muitas as mulheres que, a cada dois anos, decidem entrar para a política e se candidatar a um cargo eletivo – enfrentando, muitas vezes, a falta de autoconfiança, a resistência de suas famílias, a ausência de suporte das lideranças partidárias e a violência de opositores?

Responder às perguntas sobre o que motiva essas mulheres a entrar – e persistir – na política é nosso objetivo. Assim como o desafio de conseguir uma vaga no Legislativo, nossa tarefa também é árdua. Justamente por conta do filtro que a política produz, muitas das vozes de quem fica de fora desse jogo acabam se perdendo e nunca sendo ouvidas. Ou seja, tendemos a conhecer muito mais sobre homens brancos que já foram eleitos.

Nesse caso, porém, temos um trunfo na mão: 188 entrevistas inéditas que realizamos nas eleições de 2020 e 2022, sobretudo com candidatas mulheres que estavam vivendo sua primeira tentativa de se eleger. Essas mulheres, com os mais diferentes perfis, incluindo, entre outros, variações de idade, de região, racial/étnica e partidária, foram entrevistadas por cerca de 40 minutos, primeiramente durante as suas campanhas e após a votação. Utilizando um questionário, conseguimos entender suas motivações, seus desejos e sua trajetória política. Assim, a partir dessas entrevistas, trazemos as vozes, as alegrias e os lamentos de quem pouco conhecemos: as das mulheres que tentam, e muitas vezes não conseguem, entrar para a política.

E todo este movimento começa com um lampejo.

2

Quem são as candidatas?

Já, já chegaremos ao lampejo – ou seja, aos motivos que levam as mulheres a se tornarem candidatas. Mas, antes disso, vale entender melhor: quem são as mulheres que se candidatam a um cargo eletivo no Brasil?

As eleições no país oferecem sete tipos de cargos eletivos para quem quer se candidatar: três no Executivo e quatro no Legislativo. Os cargos executivos – para liderar prefeituras, governos dos estados e presidência da República – são ocupados por apenas uma pessoa. Já os cargos legislativos – nas câmaras municipais, assembleias legislativas, na Câmara dos Deputados e no Senado Federal – oferecem várias cadeiras, dependendo do tamanho de cada instituição. Por exemplo, os municípios com até 15 mil habitantes podem ter até nove vereadores; os com mais de 8 milhões de moradores podem ter até 55. Nos estados, a maior Assembleia Legislativa é a de São Paulo, que elege 94 deputados estaduais. Já em outros 11 estados, como por exemplo Acre e Sergipe, as assembleias elegem 24 deputados. Apesar de ser um órgão nacional, o número de vagas disponíveis na Câmara dos Deputados varia de acordo com o tamanho da população de cada estado. Por isso, São Paulo, o estado mais populoso do país, tem 70 vagas; os 11 estados menos populosos – como Amazonas e Mato Grosso do Sul – elegem oito deputados federais. Já o Senado distribui três cadeiras para cada estado de forma equânime.

Para pessoas que estão na política, os sete tipos de cargos disponíveis não têm o mesmo valor. As que ocupam cargos executivos tendem a ter mais acesso a recursos públicos e mais liberdade para decidir onde alocar esses montantes; por isso, tais cargos costumam ser mais valiosos que os do Legislativo. Tanto que é comum que políticos que têm um cargo na Câmara dos Deputados tentem a sorte nas disputas para liderar prefeituras, mesmo as de municípios pequenos. Cargos executivos também são mais raros: somente uma pessoa por vez ocupa os de prefeito, governador ou presidente.

Os cargos legislativos, por sua vez, são mais abundantes. Entre eles, os cargos de nível nacional – na Câmara dos Deputados e no Senado Federal – tendem a ser mais cobiçados, já que sua principal função é apresentar e votar para aprovar legislação para todo o país, e não somente para um estado ou município. Além disso, esses representantes têm mais acesso a altos recursos, os quais podem ser destinados a políticas específicas por meio de emendas ao orçamento federal.

O "valor" – ou seja, a importância relativa – de cada cargo interfere nas dinâmicas das campanhas eleitorais. Por almejarem ter maior influência na política do país, tanto os partidos políticos quanto as figuras políticas mais tradicionais visam os cargos mais altos. Para alcançá-los, investem somas altas de dinheiro em campanhas bastante elaboradas. Isso aumenta a competitividade das disputas eleitorais e torna ainda mais difíceis as chances de sucesso de candidatos novatos e com poucos recursos. Assim, tende a ser mais fácil entrar para a política começando pela disputa de cargos mais baixos. Não à toa, essa dinâmica também afeta as oportunidades das mulheres.

Como os *spoilers* do último capítulo já indicaram, o perfil demográfico dos concorrentes não se assemelha em nada ao da população. Uma análise das disputas para os cargos com mais candidatos – para as câmaras municipais, assembleias legislativas (estaduais e distrital), Câmara dos Deputados e prefeituras – deixa explícito que a esmagadora maioria dos candidatos é formada por homens.

Figura 1. Percentual de candidaturas de mulheres e homens nas eleições de 2020 e 2022

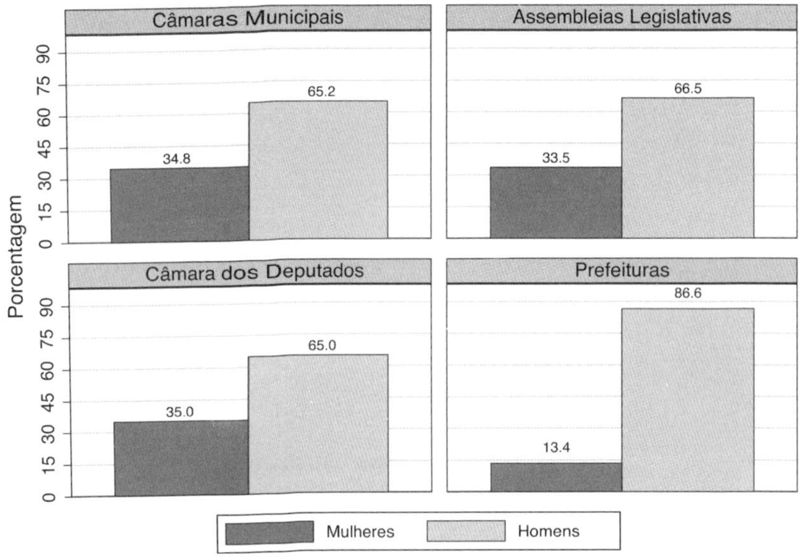

Fonte: Gráfico produzido pelas autoras utilizando dados das eleições de 2020 e 2022 disponibilizados pelo TSE.

Nas eleições para as câmaras municipais, assembleias legislativas e Câmara dos Deputados, às quais se aplica a cota de gênero, o desequilíbrio é menor, uma vez que, em tese, 30% das vagas devem ser preenchidas por mulheres. Mesmo assim, nas eleições municipais de 2020, 65,2% dos candidatos a vereador eram homens. O percentual de candidaturas masculinas foi parecido nas eleições gerais de 2022, em que 66,5% dos candidatos para as assembleias legislativas e 65% dos concorrentes às vagas da Câmara dos Deputados eram homens, como se observa na figura 1. Ou seja, as candidaturas femininas ficaram entre 33,5% e 35% nas disputas para vagas no Legislativo dos três níveis. Isso sugere que a cota de gênero tem, na prática, servido mais como um teto do que como um piso para a nomeação de mulheres: em vez de considerarem as cotas o percentual mínimo de mulheres nomeadas candidatas, os partidos tendem a utilizar os 30% como meta, fazendo poucos esforços para ir além dela.

A situação das mulheres nas disputas eleitorais para as prefeituras é ainda mais complicada. Já que a cota de gênero não se aplica às eleições para este cargo, os partidos não precisam nomear mulheres candidatas nem para atingir uma meta mínima. O resultado é alarmante: como mostra a figura 1, nas eleições de 2020, 86,6% das candidaturas ao cargo de prefeito eram de homens – resultado semelhante ao das eleições anteriores. Ou seja, mulheres representam menos de 14% das candidaturas às prefeituras no Brasil.

O perfil das candidatas

Indubitavelmente, as mulheres são uma minoria nos cargos eletivos, mesmo que com variações, a depender do cargo. Entretanto, são ainda muitas as mulheres que decidem participar do processo eleitoral. E essas candidatas, que buscam quebrar o monopólio masculino na política, têm diferentes origens, características sociodemográficas, preferências e ideologias.

A maior parcela das candidaturas femininas é composta de mulheres autodeclaradas brancas, seguidas pelas mulheres pardas e, depois, pretas, como indica a figura 2. O mesmo ocorre no grupo de homens candidatos. Esse padrão se repete para todos os cargos, mas a distância entre a proporção de mulheres brancas em relação às candidatas de outros grupos raciais e étnicos é maior para cargos considerados mais importantes (uma diferença de 12,8 pontos percentuais entre candidatas brancas e pardas para a disputa por uma vaga na Câmara dos Deputados e de 33,3 pontos percentuais para as prefeituras). Enquanto o percentual de mulheres negras (considerando a soma de pretas e pardas) nas eleições de 2022 foi superior ao de brancas tanto para as assembleias estaduais quanto para a Câmara dos Deputados, mulheres brancas compuseram quase dois terços (63,7%) do total das candidatas às prefeituras. Mulheres pardas e pretas, portanto, estão ainda mais sub-representadas nas candidaturas para os executivos municipais do que para os outros cargos: em 2020, elas formaram, respectivamente, 30,4% e 5,1% das candidaturas para prefeita. A proporção de mulheres indígenas e amarelas – que representam uma parcela pequena da população – também é baixa.

Vale lembrar que a análise das desigualdades raciais na representação política no Brasil só foi possível a partir de 2014. Antes disso, a falta de dados sobre a raça/etnia dos candidatos dificultava uma

Figura 2. Percentual de candidaturas de mulheres por perfil racial/etnico nas eleições de 2020 e 2022

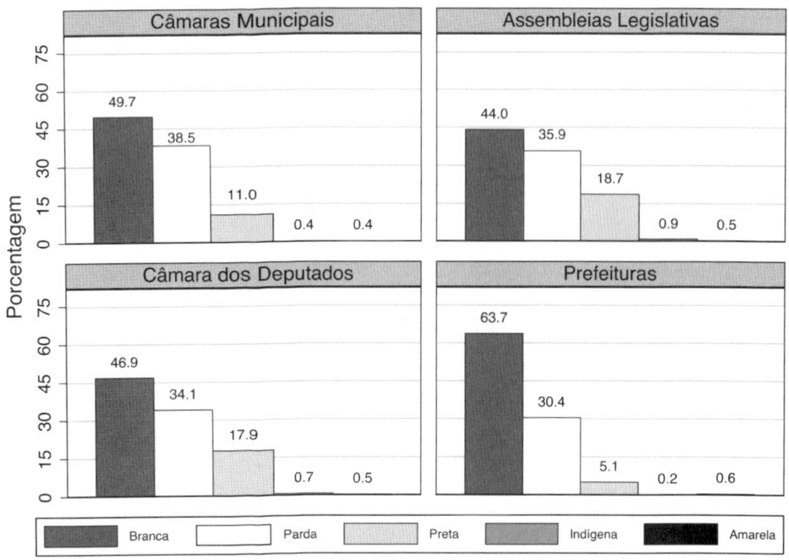

Fonte: Gráfico produzido pelas autoras utilizando dados das eleições de 2020 e 2022 disponibilizados pelo TSE.

Figura 3. Percentual de candidaturas de mulheres por perfil etário nas eleições de 2020 e 2022

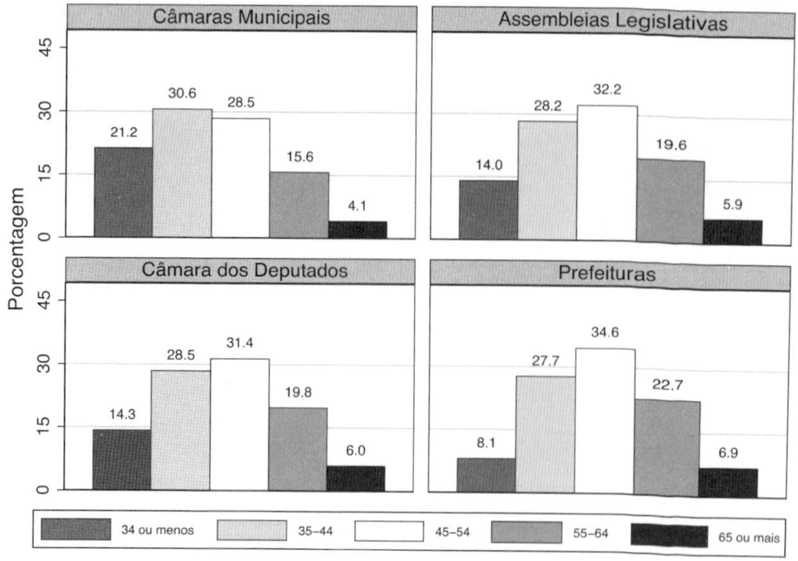

Nota: Gráfico produzido pelas autoras utilizando dados das eleições de 2020 e 2022 disponibilizados pelo TSE.

análise sistemática e mais precisa sobre a presença (ou ausência) de pessoas pardas, pretas, indígenas e amarelas no poder. Os poucos levantamentos sobre o tema tinham que recorrer a heteroclassificação racial ou a utilização de questionários com uma amostra dos políticos eleitos – e não dos candidatos (Campos, 2015). A demanda pela inclusão desse campo nas fichas de candidatura do TSE foi registrada em um relatório publicado pela Secretaria de Políticas de Promoção para a Igualdade Racial, durante a gestão da ministra Luiza Bairros, socióloga e feminista. Como o mesmo relatório indica, a ausência desses dados contribuiu para uma invisibilidade do problema (Secretaria de Políticas de Promoção para a Igualdade Racial, 2015).

Grande parte das mulheres que se candidatam a um cargo eletivo têm entre 35 e 54 anos; dado semelhante ao dos homens. Diferentemente de outras características sociodemográficas, idade é um dos critérios de elegibilidade no Brasil: a idade mínima para ocupar uma vaga nas câmaras municipais é 18 anos; já para os cargos de deputado federal, deputado estadual/distrital e prefeito, a idade mínima é 21 anos. Para outros cargos, a idade é ainda mais alta: candidatos ao cargo de governador devem ter pelo menos 30 anos, e aqueles que queiram ocupar a presidência da República ou o Senado Federal precisam ter pelo menos 35 anos. Como mostra a figura 3, mesmo podendo concorrer aos cargos analisados desde os 21 anos, mulheres com 34 anos ou menos representam uma parcela

Figura 4. Percentual de candidaturas de mulheres por perfil de escolaridade nas eleições de 2020 e 2022

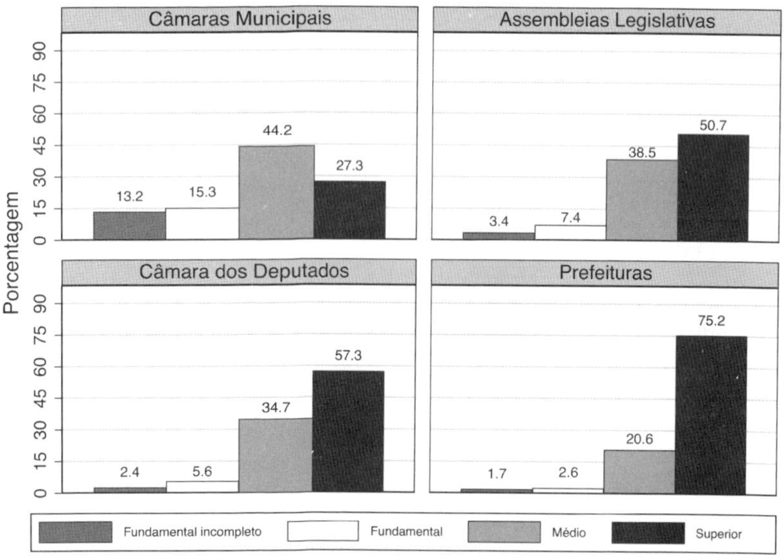

Fonte: Gráfico produzido pelas autoras utilizando dados das eleições de 2020 e 2022 disponibilizados pelo TSE.

relativamente baixa das candidaturas, principalmente para as prefeituras – cargo que, por ser considerado mais importante, tende a atrair quadros com maior experiência. Mais especificamente, enquanto 21,2% das candidatas às câmaras municipais têm menos de 34 anos, menos da metade desse percentual de candidatas (8,1%) às prefeituras têm a mesma idade.

A comparação quanto ao nível de escolaridade das mulheres candidatas nos traz mais algumas informações. De um modo geral, assim como as características previamente discutidas, o perfil de escolaridade segue o mesmo padrão do perfil dos homens concorrentes. Como indica a figura 4, nas câmaras municipais, cargo considerado menos importante que os demais analisados, o nível de escolaridade tende a ser mais baixo, com uma parcela maior de candidatos – homens e mulheres – tendo completado até o ensino médio. Nas eleições para os outros cargos, o mais comum é que as pessoas que estão na disputa tenham ensino superior completo. Apesar de apresentarem padrões similares, uma diferença importante entre o perfil dos homens e das mulheres candidatas merece destaque: na média, candidatas são mais escolarizadas do que os seus pares homens quando se trata da disputa por uma vaga na prefeitura – cargo visto como mais importante. Essa diferença na escolaridade acaba sendo particularmente ampla: enquanto 52,8% dos candidatos homens às prefeituras em 2020 tinham completado o ensino superior, esse era o perfil de mais de 75% das candidatas. O maior nível, em média, da escolaridade dessas mulheres indica que, para terem as mesmas oportunidades de nomeação que os homens, elas devem demonstrar mais credenciais de formação, como diploma de ensino superior, o que poderia fazer com que fossem consideradas mais preparadas para a disputa.

As mulheres que entram para a política também são diferentes dos homens nas suas relações pessoais (dado ilustrado na figura 5). Os homens que concorrem para todos os cargos analisados têm, em

Figura 5. Percentual de candidaturas de mulheres por perfil de estado civil nas eleições de 2020 e 2022

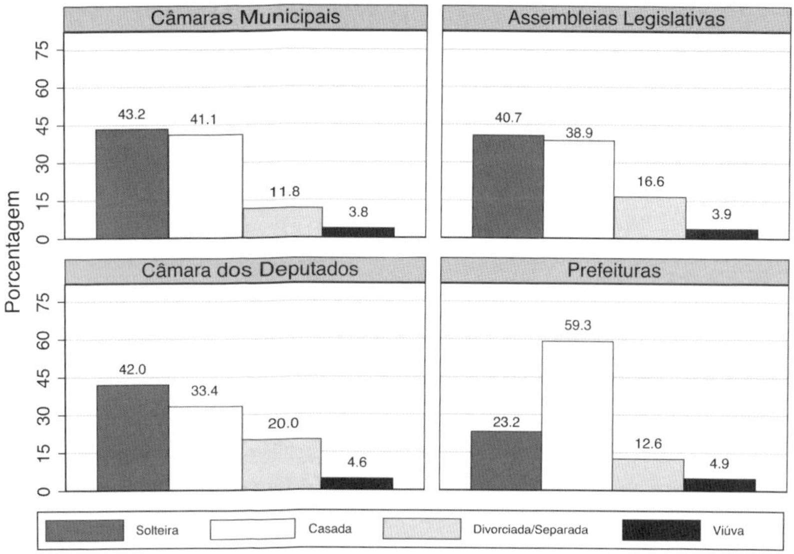

Fonte: Gráfico produzido pelas autoras utilizando dados das eleições de 2020 e 2022 disponibilizados pelo TSE.

média, maior probabilidade de serem casados do que as mulheres candidatas. A maior discrepância pode ser vista na disputa para uma vaga na Câmara dos Deputados – na qual 59,3% dos homens e 33,4% das mulheres são casados, uma diferença de 25,9 pontos percentuais.

Não por acaso isso acontece, sobretudo quando se tenta um cargo de deputado federal. Nesse caso, o motivo extrapola a importância dos cargos, lembrando que as dinâmicas de gênero têm impacto também na vida dos representantes. No exemplo específico da Câmara dos Deputados, a mulher, se eleita, precisa se mudar de estado, deslocando-se para trabalhar ao menos três dias por semana na capital federal. Em sociedades como a brasileira, o fato de que um homem casado faça o mesmo costuma ser considerado mais aceitável do que a mulher casada. Assim, ainda que na fase de candidatura, acaba sendo mais difícil para mulheres casadas considerarem o Legislativo nacional uma opção na sua carreira.

Posto que o Brasil tem o dobro do número de partidos classificados como de direita do que de esquerda (Bolognesi, Ribeiro & Codato, 2023), não é surpreendente que as candidaturas – tanto as dos homens quanto as das mulheres – estejam concentradas neste lado do espectro ideológico, como indica a figura 6. Mesmo que partidos de direita costumem estar menos associados a pautas relacionadas a igualdade de gênero (Jenson & Valiente, 2003), a cota de gênero que reserva,

Figura 6. Percentual de candidaturas de mulheres por perfil ideológico dos seus partidos nas eleições de 2020 e 2022

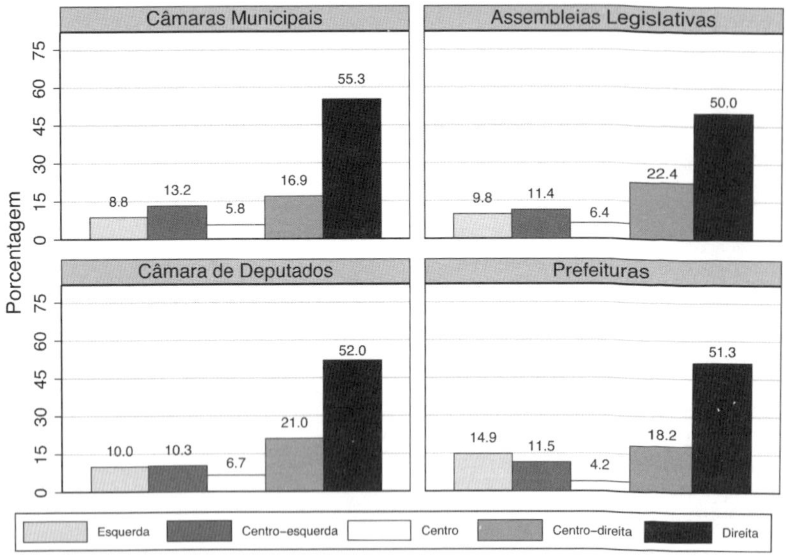

Fonte: Gráfico produzido pelas autoras utilizando dados das eleições de 2020 e 2022 disponibilizados pelo TSE. A classificação dos partidos políticos foi feita com base no estudo de Bolognesi, Ribeiro & Codato (2023).

pelo menos, 30% das vagas de candidaturas para mulheres também se aplica a eles; além disso, como já demonstrado em diversos países, lançar candidatas mulheres é uma boa estratégia entre partidos de direita para aumentar seu eleitorado e dar sinais de comprometimento com agendas políticas relacionadas à não corrupção e aos cuidados (Celis & Childs, 2014; Celis & Erzeel, 2015). Nas eleições municipais de 2020 e gerais de 2022, metade ou mais da metade das candidaturas femininas foram lançadas por partidos considerados de direita. Em contrapartida, nas diferentes disputas que analisamos, entre 8,8% e 14,9% das candidatas estão em partidos de esquerda.

Mulheres como nós

Apesar de algumas características estarem mais presentes que outras, como os dados anteriores indicam, o perfil das mulheres que disputam um cargo eletivo no Brasil é plural. Tanto que essa mulher podia ser até mesmo uma de nós, as autoras deste livro. Podia chegar a ser você, que nos lê agora, caso tenha mais de 18 anos e seja brasileira. No entanto, ambas não somos candidatas e, apesar de alguma vocação que poderíamos ter, nunca chegamos a decidir nos filiar, nem tentar uma candidatura.

Nenhuma das duas. Nunca.

De alguma forma, ao observar a nossa própria história *vis-à-vis* os dados de sub-representação de mulheres na política no Brasil, começamos a refletir: o que fazia com que tantas mulheres, diferentemente de nós, decidissem se tornar candidatas? Sem saber dessa inquietação em comum, vivendo a milhares de quilômetros uma da outra (Débora Thomé no Brasil e Malu Gatto na Inglaterra), acabamos nos conhecendo em uma conferência acadêmica em Lima, no Peru, e trocando ideias sobre essa pergunta que, de alguma maneira, era fundamental nas nossas respectivas agendas de pesquisa. Ambas tínhamos a preocupação de entender melhor quem eram as mulheres que, optando por um caminho diferente do nosso, entravam na política.

Em 2016, eu, Débora Thomé, comecei a dar aulas em um curso para mulheres candidatas, suprapartidário, com financiamento da Secretaria de Políticas para as Mulheres da Presidência da República. O curso acabou contando com a participação de 600 mulheres em 14 cidades de todas as regiões do país. Nos anos subsequentes, cursos como esse se multiplicaram pelo Brasil, assim como o número de alunas com quem tive a possibilidade de conversar e de ouvir histórias. De Manaus a Curitiba, incluindo Goiânia e Fortaleza, ou o interior do Espírito Santo, nos dias que passávamos juntas, o que encontrei foram mulheres com histórias muito diferentes, mas, ao mesmo tempo, com preocupações e objetivos em comum: eram lideranças comunitárias, pequenas empresárias, professoras do ensino fundamental, merendeiras que, por algum motivo, consideravam que tinham a responsabilidade de se preparar para se tornarem representantes. Mulheres negras, brancas e indígenas, usando havaianas ou saltos altos, evangélicas, candomblecistas; pertencentes a todos os partidos, todas contavam histórias que em muito se pareciam, sobre desafios semelhantes. Naqueles encontros, acabei me deparando com centenas de pré-candidatas que me ensinaram sobre o fazer político, sobre suas estratégias de sobrevivência dentro dos partidos e sobre como conciliavam a sua tripla jornada de trabalho: pessoal, profissional… e política! Comecei ali – observando, enquanto ministrava aulas sobre regras eleitorais e estratégias de comunicação – a entender melhor como se dava esse mundo da participação das mulheres na política.

Mas, para este livro, queríamos mais do que impressões e conversas, sabíamos que, se pretendíamos entender melhor quem eram essas candidatas, havia necessidade de fazer uma pesquisa estruturada e rigorosa. Mais ou menos na mesma época, na Inglaterra, eu, Malu Gatto, defendia a minha tese de doutorado. Após anos de pesquisa de campo em três países latino-americanos – Brasil, Costa Rica e Chile –, continuava intrigada com os obstáculos que os partidos impunham para diversificar a política. Tendo lido centenas de páginas dos arquivos das legislaturas de cada um desses países e entrevistado dezenas de políticos eleitos, para reconstruir décadas de luta para a adoção e implementação das leis de cotas de gênero, estava evidente para mim que, apesar de fundamentais, as cotas poderiam ser insuficientes para transformar radicalmente a representação das mulheres na política brasileira. Comecei, portanto, a me interessar por soluções complementares. Uma bolsa de estudos que recebi durante o pós-doutorado na Suíça me permitiu passar uma temporada na capital estadunidense, Washington, D.C. Durante a minha estada de quatro meses, acompanhei de perto o trabalho de organizações que preparam meninas e mulheres para se candidatarem a um cargo eletivo nos Estados Unidos – país onde a sub-representação feminina também é um problema. Lá conversei com jovens que aspiravam a um dia se eleger, entrevistei fundadoras de organizações e participei de atividades dos cursos oferecidos. Quando voltei para a Inglaterra como professora, organizações similares começavam a surgir no Brasil. Uma delas, a Goianas na Urna, me convidou para ser parte do conselho. E foi aí que comecei a ter contato com as candidatas para além da academia.

Ao longo desses anos, foram muitas as nossas conversas sobre a sub-representação feminina na política no Brasil. Mas somente pouco depois do início da pandemia, em maio de 2020, tivemos, finalmente, a nossa primeira oportunidade de trabalhar juntas, escrevendo um artigo para a revista acadêmica *Politics and Gender*, a partir de uma pesquisa que fizemos sobre mulheres candidatas e a campanha em meio à crise por conta da Covid-19 (2020). Pouco depois, o Instituto Update, Organização da Sociedade Civil com foco em inovação política, fez o convite para que Malu coordenasse uma grande pesquisa sobre grupos marginalizados na política e a atuação de iniciativas de apoio a candidatas e candidatos, ou seja, justamente cursos como esse que Débora tinha ministrado nos anos anteriores. Era a oportunidade que nos faltava para, finalmente, partirmos de forma estruturada para o campo a fim de pesquisar a vida das mulheres candidatas. Era o que precisávamos para tentar entender melhor as muitas histórias que tinham para nos contar.

As vozes deste livro

Nas eleições municipais de 2020, 538 mil candidatos concorreram a um cargo nas câmaras municipais ou prefeituras. Nas eleições gerais de 2022, foram 28.457 candidatos concorrendo a algum cargo estadual ou nacional. Dado o volume de candidatos, entender quem são as pessoas que querem entrar para a política é uma tarefa muito difícil. Talvez por isso, são muitos os estudos sobre os políticos eleitos, mas bem menos sobre as pessoas que se candidatam, mas não necessariamente se elegem.

No entanto, descobrir mais sobre quem quer entrar para a política é fundamental, principalmente se queremos entender melhor o que ocorre no Brasil para que sejam tão poucas as mulheres que conseguem uma vaga de representante. Portanto, ainda que muito se tenha a falar sobre mulheres eleitas, aqui o foco está voltado para mulheres em etapas anteriores: aquelas que, por algum motivo, decidiram se filiar, disputar uma nomeação no partido e enfrentar uma campanha, independentemente de terem sido exitosas ou não.

Para este livro, entrevistamos um total de 102 pessoas, metade das quais se candidatou a algum cargo nas eleições de 2020, e a outra metade em 2022.

Como o nosso objetivo era explorar as trajetórias de candidatos novatos, principalmente, mulheres, começamos a desenhar nossa amostra identificando participantes das iniciativas da sociedade civil que oferecem treinamento para pessoas que nunca se elegeram – especificamente, RenovaBR (organização que oferece apoio a candidatos de todos os perfis sociodemográficos), Vamos Juntas, Alziras, (Re)Presente!, Tenda das Candidatas, Goianas na Urna e Rede de Mulheres Negras de Pernambuco (todas iniciativas que focam em mulheres) e Nova Frente Negra Brasileira (focada em pessoas negras). A partir dos perfis selecionados, utilizamos o registro de candidaturas do TSE para buscarmos "espelhos" – isto é, candidatos com perfis semelhantes (no que diz respeito a gênero, raça/etnia, idade, partido, cargo em disputa e estado), mas que não participaram de programas de treinamento.

Dado o foco da pesquisa, nosso interesse era mesmo incluir um número maior de mulheres na amostra; logo, elas são 77,5% das pessoas entrevistadas. Para termos um comparativo, também entrevistamos homens; eles são 22,5% do total. Além de nos concentrarmos nas mulheres, priorizamos também selecionar candidatos de grupos raciais e étnicos que tendem a estar sub-representados na política. Das 102 pessoas entrevistadas nos dois períodos eleitorais, 30,4% são brancas, 24,5% são pardas, 41,2% são pretas, 0,98%, indígenas e 1,96% amarelas. Os perfis etário e de escolarização dos entrevistados são parecidos aos do total de candidatos registrados: os nossos entrevistados tinham, em média, 40 anos, e a maioria, 65,7%, tem o ensino superior completo. Com relação ao estado civil, a maioria é composta por solteiros (58,8%), sendo 25,5% casados e 15,7% divorciados ou separados.

Finalmente, para efeito de coleta de diferentes perspectivas, também buscamos representação de pessoas concorrendo a quatro diferentes cargos (vereador, deputado estadual/distrital, deputado federal e prefeito), por partidos de todo o espectro ideológico e nas cinco regiões do país. Dos 102 entrevistados, 45,1% concorriam ao cargo de vereador e 4,9% a uma prefeitura nas eleições de 2020. Nas eleições de 2022, 25,5% dos nossos entrevistados concorriam a um cargo nas assembleias legislativas e 24,5% a uma vaga na Câmara dos Deputados. Tendo como base a classificação partidária de Bolognesi, Ribeiro e Codato (2023), entre os 102 entrevistados, 30,4% eram de partidos considerados de esquerda, 18,6% de centro-esquerda, 11,8% de centro, 10,8% de centro-direita e 28,4% de direita. Em termos de distribuição regional, 13,7% dos entrevistados disputavam eleições no Norte, 25,5% no Nordeste, 25,5% no Centro-Oeste, 24,5% no Sudeste e 10,7% no Sul.

Sabemos que as expectativas sobre uma eleição podem ser muito diferentes da realidade que os candidatos enfrentam. Por isso, quisemos ouvir os candidatos duas vezes: antes das eleições e também depois. Para as entrevistas realizadas no período pré-eleição (entre setembro e outubro de 2020 e de 2022), utilizamos um questionário de 28 perguntas. Nele, pedimos para os candidatos nos contarem sobre as suas motivações para se candidatarem, como escolheram o partido, a relação que tinham com os líderes partidários e a experiência de campanha até aquele momento, entre outros tópicos. Para as entrevistas realizadas no período pós-eleitoral (de novembro a janeiro de 2020/2021 e 2022/23), utilizamos um questionário de 25 perguntas que incentivavam os candidatos a refletirem sobre as suas trajetórias na política formal, como conduziram a campanha, com o que ficaram satisfeitos e insatisfeitos na experiência e os planos de candidaturas futuras. Cada entrevista durou em torno de 40 minutos.

Uma dificuldade comum em estudos que visam entrevistar participantes mais de uma vez é a desistência de alguns entrevistados de participarem de todas as etapas da pesquisa. No final, conseguimos realizar entrevistas com 85,3% dos candidatos antes e depois de cada uma das duas eleições. Essa estratégia resultou em um total de 188 entrevistas (174 realizadas com 88 candidatos que concordaram em falar conosco antes e depois das eleições e 14 com quem falamos apenas antes do pleito). Essas entrevistas contemplam respostas – ou ao menos pistas – para muitas das perguntas que vinham nos intrigando há anos.

A realização da entrevista em si já foi um momento de aprender alguns dos desafios que candidatas – e também candidatos – novatas enfrentam ao fazer suas campanhas políticas. Primeiramente, percebemos o quão difícil é encontrar e contatar candidatas com acesso a poucos recursos. Por não terem sites ou por não disponibilizarem endereços de e-mail profissionais, grande parte do trabalho inicial foi buscar essas candidatas, fosse por meio de suas redes sociais, fosse por contatos de WhatsApp fornecidos por organizações (como cursos preparatórios) das quais elas faziam parte. Quando finalmente conseguíamos entrar em contato, eram as próprias candidatas – e não um time de assessores de campanha, como no caso de políticos estabelecidos – que respondiam.

Uma vez encontrados os contatos e recebidas as confirmações das entrevistas, passamos a um segundo desafio – nosso e delas: conseguir tempo hábil para uma conversa em meio à realização de uma campanha eleitoral. Como o tempo oficial de campanha se reduziu muito nas últimas eleições, com uma duração de menos de dois meses, as candidatas estavam em plena tarefa de levar seus nomes ao eleitorado quando tentamos que separassem 40 minutos de suas vidas para conversar um pouco conosco.

Por conta do tempo escasso, muitas dessas entrevistas foram feitas por telefone, sem vermos o rosto da candidata. Às vezes, isso ocorria para que pudessem ser realizadas enquanto elas se deslocavam de um lado para outro. Em determinadas ocasiões, o telefone era o meio possível, pois a precariedade do sinal de internet é mais a regra que a exceção. Quando fomos transcrever e sistematizar as entrevistas, nos demos conta de que, em muitos trechos, havia a sinalização de que a conexão da internet estava ruim, e a voz não era ouvida, ou a ligação estava entrecortada. Notamos que candidatas estavam fazendo campanhas inteiras on-line, contando com Wi-Fi de vizinhos, de lanchonetes ou de associações comunitárias. Algo que se tornava ainda mais problemático para aquelas que viviam em regiões isoladas do país e durante o pleito de 2020, no qual a campanha virtual era frequente, por conta da pandemia de Covid-19.

Na série de entrevistas pós-eleições, o tempo deixou de ser um problema, mas, para muitas, o cansaço da jornada e o desinteresse pela política acabavam por desestimulá-las a participar. Para outras, porém, notamos que a entrevista da rodada posterior às eleições foi um momento de desabafo, em que puderam refletir sobre o que tinham vivido e externalizar suas frustrações com o processo. Ouvimos, também, que a política era um caminho sem volta, embora algumas nos relatassem terem conseguido muito menos votos do que esperavam.

Outro aspecto que nos saltou aos olhos foi a presença da família e das dinâmicas domésticas enquanto fazíamos as entrevistas. Muitas foram as vezes em que tivemos que interromper a conversa, pois um filho pedia atenção; ou alguém tocava à porta; ou um vizinho pedia algo emprestado. Em uma das entrevistas, desta vez com vídeo, fizemos as perguntas à candidata enquanto ela amamentava seu bebê. Mulheres fazem campanha enquanto cuidam de seus pais, preparam o almoço e resolvem problemas da vizinhança. Uma dinâmica muito diferente da maioria dos homens a quem também entrevistamos.

Todas as entrevistas foram gravadas com o consentimento dos entrevistados. Para analisarmos esse amplo material de forma sistemática e consistente, transcrevemos todas elas. Após transcritas, utilizamos o software de análise de dados de texto ATLAS.ti para fazer uma classificação intencional dos principais temas de resposta a cada pergunta que era dirigida aos candidatos. Isso nos permitiu identificar os principais padrões das experiências de quem quer se eleger a um cargo no Brasil.

Contamos com uma equipe de cinco cientistas políticos para identificar, contatar e entrevistar os 102 candidatos – provindos das grandes capitais até o interior. Eles também participaram da transcrição das 188 entrevistas que servem de base para as análises deste livro. Foram os esforços dessa equipe que nos permitiram ouvir e contemplar as trajetórias dessas 102 vozes.

A partir de agora, são essas histórias – e as reflexões que podem ser feitas a partir delas – que vocês conhecerão.

Voltemos, portanto, ao lampejo.

3

A primeira chama

Quando era criança, Tabata apenas conhecia os políticos nos momentos em que, nos anos eleitorais, apareciam em sua casa, na periferia de São Paulo, para tentar pintar os números de candidatos no muro. Assim como seu pai, aquilo a indignava. Tendo essa memória, a primeira impressão que ficou das campanhas eleitorais e da política foi das piores. Mas o mundo deu suas voltas. Muitos anos depois, ela acabava de completar sua graduação em Harvard, nos Estados Unidos, quando se tornou conhecida nacionalmente por ser uma das fundadoras do Movimento Acredito, que buscava novos nomes para transformar o modo de se fazer política, e também por participar intensamente dos debates que envolviam políticas públicas para a educação no Brasil. Não resta dúvidas: o lampejo já existia!

Mesmo com esse perfil, a jovem Tabata, então com 24 anos, continuava na dúvida se a política era o seu caminho. Apenas após ter encontros com dois nomes de muito peso – o ex-presidente dos Estados Unidos Barack Obama e a ganhadora do Prêmio Nobel da Paz, a paquistanesa Malala Yousafzai –, inscrever-se em um curso para candidatos e, finalmente, ter o incentivo de uma amiga que praticamente a empurrou para esse caminho, Tabata tomou coragem para começar sua trajetória como candidata.

É isso que a deputada federal Tabata Amaral, eleita em 2018 e reeleita em 2022, conta no livro em que relata sua trajetória na política (Amaral, 2020). Por mais que estejamos tratando de um nome que habita as páginas de sites de notícias e jornais de todo o país, o longo percurso traçado por Tabata até se tornar candidata não é único; na verdade, muitos dos elementos do seu relato são comuns entre as candidatas cujas histórias são contadas aqui.

Pelos critérios formais, para se tornar candidata no Brasil, a pessoa precisa somente cumprir as exigências de idade mínima para o cargo escolhido, ter nacionalidade brasileira e estar filiada a um dos 29 partidos políticos. Milhões de pessoas se enquadram (ou poderiam se enquadrar, caso viessem a se filiar a um partido) nesses critérios. No entanto, uma parcela bem menor decide de fato se candidatar.

Neste capítulo, tentamos entender de onde parte o lampejo que faz com que mulheres comuns aspirem a se tornar candidatas. Das experiências relatadas, destacamos quatro fatores que tendem a ser fundamentais para a decisão de se candidatar: 1) a vontade de transformar a política; 2) a necessidade de maior representatividade; 3) a percepção de que têm uma vocação; 4) os incentivos e convites para concorrer a – e ocupar – um cargo eletivo. Em diversos casos, a decisão de se candidatar é resultado de uma combinação deles, mas conseguimos classificar o que mais se destaca de acordo com o enfatizado pelas candidatas.

Vontade de transformar a política

Para algumas pessoas, a decepção com a política é um motivo para se afastar desse meio. Por isso, os baixos níveis de satisfação com a democracia, recentemente registrados em vários países do mundo, geram preocupação (Foa et al., 2020). Para outras pessoas, porém, a insatisfação com a forma de se fazer política, com os representantes eleitos e com a pouca dedicação que têm aos temas que elas consideram inegociáveis pode justamente ser o combustível para um maior engajamento – chegando até o ponto de uma candidatura.

No contexto dos Estados Unidos, por exemplo, a percepção de que existe uma ameaça aos direitos, combinada à falta de representação feminina no Legislativo nacional, aumenta a ambição política entre mulheres que anteriormente não pensavam em se candidatar (Clayton, O'Brien & Piscopo, 2019). O senso de urgência – fruto do entendimento de que o custo de concorrer a um cargo pode ser menor do que ficar de fora da política e ter os seus interesses (mal) representados por outros políticos – também acaba levando mais mulheres estadunidenses a decidir concorrer a um cargo eletivo (Dittmar, 2020).

No caso brasileiro não é muito diferente. Várias das candidatas que entrevistamos nos relatam a vontade de mudar a política como uma motivação importante para se candidatar. Preocupada com as questões da pobreza e das políticas públicas geralmente implementadas para combatê-la, assim como evocando a ideia de que poderia ser a solução para os problemas que identificava, Silvana Ferreira, uma jovem preta de 27 anos, trocou a faculdade de enfermagem pela de direito e se candidatou ao cargo de deputada federal no Rio Grande do Sul, pelo Partido Novo. Como ela nos conta:

> A minha história é a história de qualquer brasileiro, aquele que olha na televisão alguma coisa que lhe indigna e diz assim: "Alguém precisa fazer alguma coisa". [...] Então, o que me motivou na política foi entender que eu não posso ficar esperando, tenho que ir lá e fazer.

Algumas candidatas também têm insatisfações mais específicas com a política e a vontade de fazer diferente. As decepções são várias: desde a negligência com pautas sociais até o envolvimento com corrupção. Outro tema comum é o descontentamento com a relação – nem sempre ilibada – entre os políticos e o setor privado, principalmente durante o período de campanha. Heloisa Jardim nasceu no Ceará e aos 13 anos já estava militando no Partido dos Trabalhadores (PT), no qual permaneceu por mais de duas décadas.

Ela combinava sua atuação partidária com um trabalho comunitário em Brasília (DF), para onde se mudou e passou a vida adulta. Aos 50 anos, depois de receber convites para se candidatar em duas eleições, ela se filiou ao Cidadania, pois nesse partido conseguiu vaga para disputar uma cadeira de deputada federal. A vontade de fazer campanha e política de outra forma foi o que a motivou:

> Essa política que está aí não é a política que eu acredito, que eu faço. Não é só briga. Por isso que eu resolvi entrar, para mostrar para as pessoas que a gente pode fazer diferente, fazer uma política limpa, sem dinheiro. [...] Eu não fiz aliança com ninguém, não peguei dinheiro de ninguém, de empresário, de ninguém. Só do fundo partidário, ao qual eu tenho direito, que é de mulheres. [...] Então, assim, por isso eu entrei, para poder mostrar para as pessoas que dá pra gente fazer uma política diferente. E a política é isso aí. Não essa porcaria que está aí colocada.

O sentimento de insatisfação por causa da conjuntura é outro fator que pode impulsionar uma candidatura – ou, pelo menos, pode incentivar mulheres que já tinham o plano de se candidatar no futuro longínquo a entrarem logo na disputa. Por exemplo, para muitas candidatas filiadas a partidos de centro, centro-esquerda e esquerda, o contexto de polarização das eleições de 2020 e 2022 e a percepção de que a eleição de Jair Bolsonaro apresentava uma ameaça aos seus direitos foram o que as levou a tomar a decisão. Eduarda Tanaka, que era uma militante conhecida também nas redes sociais, foi uma das que viu a urgência de se lançar como candidata à deputada estadual justamente por causa desse contexto:

> Sou professora da rede pública. [...] Aí a gente teve um sucateamento das universidades, na pesquisa, nos institutos federais. E isso começou a me deixar muito alerta. Eu falei assim: "Cara, a gente precisa

lutar contra isso". Então, uma das coisas que mais me motivou a entrar pra política foi ver que a destruição da instituição da educação era um projeto. Eu falei assim: "Então a gente precisa estar nesses locais de poder também".

Necessidade de maior representatividade

Para além da vontade de transformar o modo de se fazer política, muitas mulheres contam que viram nas suas candidaturas uma oportunidade para transformar quem faz política no Brasil. Ao elaborar o conceito de "representação", a teorista política Hanna Pitkin foi a primeira a desenvolver o termo "representação descritiva" para fazer referência à ideia de que os representantes eleitos devem se assemelhar à população, inclusive nas suas características – por exemplo, gênero, faixa etária, situação socioeconômica e religião (Pitkin, 1967). Mesmo sem evocar esse conceito em si, para muitas candidatas entrevistadas, foi justamente a falta de políticos eleitos com as suas características que as fizeram querer concorrer a um cargo. É o caso de Luciana Abdala, mulher trans com deficiência. Aos 25 anos de idade, ela se aproximou de um dos cursos preparatórios para mulheres na política. Não foi fácil aprender a fazer política com o "cérebro mais que com o coração", mas Luciana queria mostrar aos familiares e a outras pessoas LGBT como ela que seria importante para todos ter uma mulher trans na Câmara Municipal:

> Primeiro, é pela falta de representatividade, hoje a gente não tem nenhuma mulher, nenhuma pessoa LGBT, nenhuma pessoa com deficiência dentro da Câmara. O perfil da Câmara hoje é de pessoas brancas, que têm recursos, já têm nome. [...] Então eu falei assim: "Eu vou me candidatar porque eu não vou procurar o candidato que eu gostaria que fosse eleito, eu vou ser essa candidata que eu gostaria que fosse eleita".

Ao relatar o desejo de transformar os quadros políticos para que melhor possam espelhar as características da população, as candidatas enfatizam a necessidade da presença política de mulheres com experiências plurais. Tal como foi elaborado pela antropóloga brasileira Lélia González com o conceito de "amefricanidade" (González, 2020) e pela jurista estadunidense Kimberlé Crenshaw com a ideia de "interseccionalidade" (Crenshaw, 1989, 1994), as opressões de gênero não são vivenciadas por todas as mulheres da mesma forma, já que se sobrepõem também a outros tipos de discriminação – como o racismo, o classismo e a homofobia. Por isso, para algumas das entrevistadas, não basta ter mais mulheres na política; é importante ter mulheres eleitas com diferentes perfis.

Amanda Silva é uma mulher preta, mãe solo de um rapaz homossexual, que vive no Rio Grande do Norte. Em 2017, na esteira dos muitos coletivos de mulheres que surgiram, ela fundou um movimento no seu estado que tinha como principal agenda a preocupação com a baixa representatividade de mulheres negras. Em meio a essa batalha por maior representação, o assassinato da vereadora Marielle Franco – como ela, mulher negra, mãe solo e com um histórico de luta pela comunidade LGBTQIA+ – foi um choque. Ao mesmo tempo que a deixou bastante abalada, a necessidade de ter mais mulheres como Marielle – e como ela – na política a inspirou a se candidatar a deputada estadual:

> Nas 24 cadeiras que a gente tem na Assembleia Legislativa do Rio Grande do Norte, só tem três mulheres. Não desfaço delas, mas elas não conseguem representar a minha realidade de uma mulher preta, periférica, mãe solo, com filho, e uma pessoa que utiliza os serviços públicos.

O problema que algumas entrevistadas veem na representação encarnada por políticos que não se parecem com elas não é somente o fato de seus grupos não estarem na política – mas isso também as incomoda porque, ao não estarem nas salas de tomada de decisão, seus interesses não se mostram representados (Phillips, 1995). A ideia de que os políticos eleitos devem refletir as perspectivas e preferências da população é o que Pitkin chama de "representação substantiva" (Pitkin, 1967). A percepção de que os políticos eleitos não representavam as suas comunidades substantivamente as levou a se filiar e a estar dispostas a enfrentar uma campanha. Dora de Souza, mulher preta, disputou uma vaga de vereadora pelo PT em 2020, no Rio de Janeiro. Sua principal agenda era justamente a das mulheres negras das favelas. No que, aliás, lembra muito os primeiros momentos de Benedita da Silva, referência de mulher na política para muitas delas. Tendo sido empregada doméstica e ambulante, filha de uma lavadeira e de um pedreiro, Benedita se elegeu vereadora da cidade do Rio de Janeiro em 1982, aos 40 anos, trazendo para a Câmara Municipal demandas históricas das mulheres das favelas. Na sua campanha, Benedita usava o *slogan* "Mulher, preta e favelada". As motivações de Dora, quase quatro décadas depois, em muito se assemelham.

> Porque eu cresci em uma comunidade onde as políticas públicas sempre foram as últimas a chegar, quer dizer, não chegam em nenhum momento. [...] Então, o que eu percebi? Eu percebi que havia uma falta muito grande de política pública, de líderes envolvidos na política que pudessem levar essa ponte que eu descobri, que precisava ser um pouco mais para poder fazer o que eu realmente já fazia, queria, sonhava em fazer. Então, eu percebi essa carência, essa necessidade, então eu fui aos poucos procurando entender qual é a missão, o trabalho de cada um e como esse trabalho poderia impactar dentro da minha favela, a favela em que eu nasci e fui criada.

Não é coincidência que tenha sido Benedita da Silva, exercendo o cargo de deputada federal e de senadora, a encampar a agenda dos direitos das empregadas domésticas (Thomé & Melo, 2021). A lei demorou para sair, mas mereceu muito de seus esforços.

A ligação entre a representação descritiva (quem ocupa a política) e a representação substantiva (o que fazem durante os seus mandatos) é uma expectativa frequente, sobretudo para políticos de grupos marginalizados (Schwindt-Bayer & Mishler, 2015). Nesse caso, não somente para mulheres e pessoas negras, mas também para aquelas que pertencem a grupos socioeconômicos mais vulneráveis. Ou seja, para algumas das candidatas entrevistadas, um fator de impulso foi a percepção de que suas vivências as permitiam representar melhor os interesses dos seus respectivos grupos. Esse foi o caso de Jardely Macedo, que se lançou candidata à deputada federal em Pernambuco pelo Partido Socialismo e Liberdade (Psol):

> Acho que é porque a gente sabe o que passa, sente na pele. A política partidária não é uma herança da minha família, eu não fui forjada para ser política. Eu quero falar de transporte público porque eu uso transporte público, quero falar de saúde porque o meu netinho, por exemplo, já tem quase sete dias de vida e ainda não foi ao pediatra, não tem pediatra no meu posto.

Esse sentimento não veio somente das candidatas associadas a partidos de esquerda, como era o caso de Jardely, mas também das de direita. Fla Munck, empreendedora do setor agrário, é microempresária do interior do Rio Grande do Sul. Com 33 anos, jovem e branca, ela viu a necessidade de levar sua agenda para a Câmara dos Deputados. Integrando uma associação de classe, foi estimulada a se candidatar.

> Eu faço parte da diretoria da Farsul Jovem, e eles nos estimulam em relação a ter jovens talentos do agro que se desenvolvam para assumir cargos de liderança, seja dentro de empresas, seja no ambiente

político ou de associações, como os sindicatos rurais. Então, a gente já estava recebendo treinamentos para isso, porque essas pessoas estão preocupadas com o futuro da representatividade do agronegócio. Eu já tinha sido escolhida para fazer parte desses grupos, por isso que eu me julgo capacitada para me iniciar nessa vida.

Transformar o entendimento da população sobre quem faz política – o que Pitkin chama de "representação simbólica" (Pitkin, 1967) – também serviu de motivação para algumas candidatas. Para elas, a presença no pleito de pessoas com perfil diferente daquele do "político tradicional" já é importante para dar visibilidade aos seus grupos – mesmo que elas não saíssem vitoriosas em suas campanhas. Irandele Marinho queria muito ter uma chance para estar presente nos espaços de poder e decisão. Tanto que, mesmo mais próxima ideologicamente dos partidos de esquerda, se filiou ao Partido Trabalhista Cristão (PTC), que dava mais viabilidade a sua candidatura.

> Aqui eu tenho uma luta há muitos anos pelo direito das pessoas com deficiência e das mulheres com deficiência. [...] O meu nome aqui se tornou uma referência na luta, e a gente sofre muito com a barreira de invisibilidade, e eu decidi me candidatar independente de qualquer resultado.

Percepção de que tem uma vocação

Uma parcela menor, porém não insignificante, de mulheres acaba entrando na política porque sente que tem vocação. Normalmente, essas candidatas começaram, desde muito cedo, a ter interesse por política e a trabalhar para a comunidade. Sendo assim, entrar para a política era o que estavam destinadas a fazer. Nascida e criada no estado do Rio de Janeiro, Ceci Santana considera que todos nós – e não apenas ela – somos seres políticos. Suas reflexões sobre uma possível candidatura, portanto, vêm de muito longe. Antes de entrar num partido, liderou uma greve e, antes disso, ingressou num sindicato. Ela tem a convicção de que reúne todas as características para ser uma boa deputada estadual.

> Eu me realizei e me encontrei dentro da política, e acho que eu levo jeito para fazer essa articulação. É algo que eu faço com muita paixão e entrega na minha vida. As pessoas que não estão envolvidas com política não sabem o quanto nós abdicamos da nossa vida pessoal, perdemos momentos com a família e com amigos. Modéstia à parte, eu acho que sou um quadro muito completo.

Morando a 512 quilômetros de distância de Ceci Santana, no interior de São Paulo, a cearense Mila Morelli, filiada ao Partido Socialista Brasileiro (PSB), conta uma história de motivação bem parecida com a de Ceci; tanto que nem parece que tiveram trajetórias políticas diferentes. Mila nunca pertenceu aos movimentos sociais ou trabalhistas, mas concorreu à vaga para prefeita em 2020, depois de ter trabalhado por um bom período próxima a lideranças de seu partido. Sua motivação para se candidatar também é vocacional:

> Eu sempre gostei de política. Minha mãe é professora do interior do Pará, meus avós deram o terreno para a primeira escola lá do Nordeste, então, eu cresci nessa política lá no Nordeste. Minha mãe é bem de esquerda, mas eu cresci vendo as diferenças. Quando eu vim para São Paulo, na faculdade, comecei a estudar economia. Depois veio o período "Vem para a rua", e daí eu falei: "Bom, acho que eu gosto de política". [...] Eu sempre quis ser candidata. [...] Estou muito feliz. Gostaria de ter mais apoio financeiro, obviamente, mas é isso. Decidi porque eu falei: "Se eu não fizer agora, depois da eleição,

na eleição presidencial, ou eu vou apoiar, ou eu vou ser a mudança que eu quero". Então, foi um ato de coragem para eu me colocar nesse espaço e melhorar como agente pública.

Ainda que a percepção da vocação possa ser uma alavanca para a carreira política de algumas mulheres, o mais frequente, contudo, é o oposto: na maioria dos casos, a percepção da falta de vocação acaba sendo uma enorme barreira.

Como mostram os dados mais recentes da pesquisa de opinião pública do Latin American Public Opinion Project, Lapop (que é representativa da população adulta brasileira), na média, as mulheres tendem a se interessar um pouco menos por assuntos ligados à política institucional do que os homens; elas também costumam ter uma avaliação mais negativa sobre sua própria aptidão para compreender os problemas do Brasil do que eles. Enquanto 48,3% dos homens dizem ter algum ou muito interesse por política, 43,6% das mulheres dizem o mesmo – uma diferença de cerca de cinco pontos percentuais. E enquanto 45% dos homens relatam compreender bem "os problemas políticos mais importantes do país", uma parcela consideravelmente menor das mulheres – 36,5% – dizem o mesmo (Lapop, 2023). Na pesquisa do Lapop conduzida em 2019, e que fez uma pergunta ainda mais direta sobre o tema, 13% dos homens disseram se sentir altamente qualificados para ocupar cargos eletivos, enquanto apenas 6,3% das mulheres responderam da mesma forma (Gatto, Thomé & Russo, 2021).

Esse padrão converge em um vasto acervo de pesquisas acadêmicas que revelam que as mulheres, em geral, subestimam suas habilidades, ao passo que os homens tendem a exaltar seus próprios méritos (Foschi, 1996). Esse comportamento é ainda mais evidente quando se trata de política e liderança, campos nos quais os homens são frequentemente mais encorajados a participar do que as mulheres (Fox & Lawless, 2005; Schwindt-Bayer, 2011).

Diante de um quadro em que não se sentem suficientemente seguras e incentivadas, muitas mulheres que desejam se candidatar acabam optando por longas trajetórias que incluem diversos cursos, horas de estudos e treinamento. Elas percorrem todo esse caminho antes de se sentirem preparadas para se candidatar e, caso eleitas, ocupar um cargo público. Para muitas delas, a preparação foi fruto de anos de instrução formal. Esse foi o caso de Yara, candidata à cadeira de vereadora em uma pequena cidade de Goiás. Ela contou com a universidade como instrumento para sua preparação antes de concorrer.

> Eu não queria ter que sair daqui para encontrar oportunidades, e fui me preparando para poder melhorar a qualidade de vida minha, da minha família e de todo mundo que eu conheço aqui da minha cidade. [...] Quando estava no 3º ano do ensino médio, eu tomei esta decisão. Então, eu resolvi estudar: entrei com um mandado de segurança pra poder entrar na faculdade, para quando chegasse 2020 eu estivesse mais preparada, com conhecimento para poder assumir um cargo público, legislar. Então eu vim, nesses anos, estudando pra isso.

Outras buscaram, além da instrução formal, cursos preparatórios direcionados àquelas com desejo de se candidatar. A preocupação com a formação é tão preponderante entre as candidatas que são muitos os casos em que elas decidem participar de até quatro diferentes cursos preparatórios para a política. Nesse caso, o de uma candidata à prefeita de uma cidade média do estado do Rio de Janeiro, ela participou tanto de uma turma do RenovaBR, o mais conhecido e estruturado dos cursos, quanto do Vamos Juntas, na época liderado pela deputada Tabata Amaral. Como a própria Dyene Menna explica:

> Foram vários cursos, e eu fiz também o RenovaBR por indicação do grupo. Para mim, fez muita diferença e foi a melhor coisa que aconteceu, eu considero. [...] Os acompanhamentos das atividades do Vamos Juntas, eu fiz todos. O Vamos Juntas que me capacitou de uma forma geral. [...] Essa atividade da *coach* foi bem bacana também, essencial, e as informações de conhecimento mesmo, dar informações, as aulas.

Incentivos e convites para concorrer

Justamente por se perceberem, em média, como menos qualificadas que os homens para concorrer a um cargo eletivo, receber algum incentivo para se candidatar pode ser imprescindível para catapultar as carreiras políticas das mulheres. Como demonstram os pesquisadores Richard Fox e Jennifer Lawless, em uma série de estudos no contexto estadunidense, receber incentivo, motivação externa, principalmente de lideranças partidárias, aumenta a segurança das mulheres quanto às suas qualificações e condições para concorrer, reduzindo, assim, as diferenças de gênero no que diz respeito à autoconfiança, discutidas na seção anterior (Fox & Lawless, 2010). Apesar de serem minoria entre as entrevistadas, algumas candidatas consideram os incentivos que receberam importantes fontes de validação externa – e fatores fundamentais para as suas decisões de concorrer.

Luciana Malta, a candidata cujas experiências vamos acompanhando a cada capítulo, da cidade de São Gonçalo, no Rio de Janeiro, não contou com um convite do partido para se candidatar pela primeira vez. Mas, ao longo dos anos, conforme foi deixando evidente a sua intenção de participar e os esforços que estava disposta a fazer, começou a chamar a atenção de várias lideranças partidárias.

Para algumas mulheres, o convite para se candidatar veio depois de anos de militância e serviço junto a um partido político, ou da experiência em cargos assessorando políticos eleitos. Essa trajetória institucional – na qual a expectativa é de que indivíduos "paguem pedágio" antes de serem recompensados com o apoio do partido para uma candidatura – também é comum aos homens que se candidatam. Concorrendo na Bahia, em uma cidade grande do interior, Sandra Pedrosa voltou ao seu município depois de um longo tempo prestando serviços ao partido com esse intuito. O incentivo foi fundamental para que ela acabasse se dispondo a fazer todo o caminho de volta à cidade de origem, o que nunca é fácil. Por anos, Salvador havia sido a sua casa.

> Eu tenho uma experiência em assessoria política na área de gênero e de política para as mulheres, e trabalhei com uma deputada federal quando ela foi deputada estadual, federal e uma parte do mandato dela como senadora. [...] E eu fui incentivada por um atual deputado do meu partido. Ele me disse: "Você é um bom quadro, já tem uma boa experiência na política, você fala bem, escreve bem... Por que você não tenta?"; eu disse: "Porque eu já estou de alguma forma distante de nichos sociais"; e ele disse: "Não, mas em algum momento, se você tem esse desejo, você vai ter que botar seu nome na rua. Então, você faz logo essa experiência, vem, contribua com o partido, contribua com as mulheres do partido e siga tentando". Eu falei: "Está bom". Topei, já previamente sabendo que a possibilidade de ser eleita seria muito pequena.

Sandra Pedrosa enfrentou muita resistência em sua cidade, uma vez que, há mais de dez anos vivendo fora, não contava com uma base eleitoral. Teve que convencer até seus familiares. Tudo para fazer valer o convite que recebeu do partido.

Diferentemente das mulheres com experiência prévia na política em cargos não eletivos, algumas candidatas foram convidadas a se candidatar sobretudo porque já eram conhecidas nas suas cidades, o que as fazia ter potencial para captar eleitores. Foi exatamente por isso que o Partido Social Democrático (PSD) chegou até Helvane Dornelles, uma pessoa conhecida na sua cidade, no Rio Grande do Sul: "Como eu já representava a cidade nos concursos de beleza, o partido perguntou se eu queria concorrer [ao cargo]".

Desde 2010, o TSE vem monitorando mais de perto o cumprimento da cota de gênero. Assim, encontrar mulheres para compor suas listas de candidatos se tornou parte fundamental do trabalho dos partidos (Gatto & Wylie, 2021). Muitas entrevistadas foram convidadas a concorrer precisamente pela necessidade dos partidos de cumprir a cota de 30%. Veronica Manhans e Esmeralda Nantes disputaram uma vaga de vereadora em diferentes capitais do Nordeste por partidos com ideologias bem diferentes – enquanto a primeira saiu pelo PTC, a outra se lançou pelo Partido Comunista do Brasil (PCdoB). Mas ambas viveram algo muito parecido em relação à motivação partidária para os convites que receberam. Conta Veronica Manhans:

> Um familiar que sempre participou de partidos e me fez o convite para eu entrar na política, pois estavam precisando de mulheres. Eu resolvi me filiar ao partido e participar também, concorrer ao pleito.

E explica Esmeralda Nantes:

> Eu faço parte do PCdoB, e, eu saí de uma reunião, encontrei um pessoal que vinha de uma outra reunião e que estava exatamente discutindo a questão do número de candidaturas femininas no partido. Aí, a candidata a prefeita me convidou, e eu fiquei meio em dúvida, porque nunca foi da minha expectativa sair candidata. Eu sou uma pessoa que gosta de trabalhar em bastidores.

Os dados da pesquisa conduzida pelo Lapop confirmam que, mesmo com a cota de gênero, o convite para se candidatar costuma ser bem menos frequente entre mulheres do que entre homens. Quando perguntados se haviam sido encorajados por alguém a se candidatar a um cargo público, 18% dos homens e somente 11,5% das mulheres disseram que sim (Lapop, 2023). Os dados da pesquisa Lapop de 2019 mostram padrões parecidos, com cerca de 20% dos homens de todos os grupos raciais declarando ter sido motivados por alguém para concorrer a um cargo eletivo, enquanto 14% das mulheres pretas, 12% das mulheres brancas e 7% das mulheres pardas dizem o mesmo. Em 2019, porém, a pesquisa também perguntou aos respondentes sobre quem os incentivou. Os resultados indicam que os líderes políticos, especificamente, tendem a motivar mais os homens do que as mulheres a concorrer a cargos públicos; e mais mulheres brancas que pardas e pretas. Enquanto 31% dos homens pardos, 27% dos homens brancos e 25% dos homens pretos declaram ter recebido incentivo de líderes políticos para se candidatar, 25% das mulheres brancas, 18% das mulheres pretas e 17% das mulheres pardas dizem ter sido motivadas por líderes partidários (Gatto, Thomé & Russo, 2021).

Ou seja, mesmo com os incentivos institucionais – das cotas de gênero e da reserva de financiamento de campanha para mulheres e pessoas negras –, os partidos continuam encorajando mais os homens e as pessoas brancas a se candidatar. Dado que convites tendem, em si, a inspirar ambição política, o comportamento das lideranças partidárias pode estar não somente reproduzindo as hierarquias de gênero e raça já estabelecidas na política, mas também aumentando a disparidade nos níveis de ambição entre mulheres e homens e pessoas brancas e não brancas.

Assim, no próximo capítulo contamos mais sobre a complexa relação das mulheres com os partidos políticos.

4

Barradas no baile

Em abril de 2022, Izolda Cela, nome de longa carreira na política cearense, tornou-se a primeira mulher governadora na história do estado do Ceará. Eleita vice-governadora, ela assumiu a cadeira do titular, Camilo Santana, que renunciou ao cargo a fim de preparar sua campanha para uma vaga no Senado. Izolda, que além das experiências política e partidária tem mestrado em políticas públicas, ficou conhecida nacionalmente como uma das líderes da transformação nas políticas públicas de educação em seu estado.

Pelas regras eleitorais, uma vez que tinha sido eleita vice-governadora, Izolda poderia concorrer à reeleição da vaga que estava já ocupando. As pesquisas de institutos como o Vox Populi e o Instituto de Pesquisas Sociais, Políticas e Econômicas (Ipespe) mostravam que, quando o nome dela era associado ao de Luiz Inácio Lula da Silva ou ao do ex-governador, suas intenções de voto alcançavam 54%, permitindo uma vitória no primeiro turno. Ela era, portanto, candidata natural a seguir seu trabalho como governadora do estado do Ceará.

Aqui cabe uma pausa explicativa: ainda que possa parecer que o que mais favorece a eleição de uma pessoa no Brasil seja ser homem e branco, isso não é exatamente verdade. O que mais aumenta as chances de alguém ser eleito – nos países do mundo onde a reeleição é possível – é já ocupar um cargo. Por isso, também, homens brancos, que são a maioria entre os políticos que já ocupam cargos, têm mais chances quando disputam para se manter em suas vagas.

Izolda, filiada ao Partido Democrático Trabalhista (PDT), tinha aptidão, reconhecimento de sua qualidade como executora, trajetória político-partidária e, teoricamente, mais chances que qualquer outro de vencer a disputa para o governo do Ceará. Logo, poderíamos concluir que ela obviamente seria a escolhida do partido para encabeçar a chapa, certo?

Mas nada disso aconteceu.

Em convenção do partido, em um domingo de julho, pouco mais de três meses após Izolda ter assumido, o PDT decidia, em assembleia capitaneada por Ciro Gomes, que o candidato seria o ex-prefeito de Fortaleza, Roberto Cláudio. A justificativa corrente era que Izolda não tinha experiência em campanhas eleitorais.

Roberto Cláudio foi derrotado no primeiro turno.

Esse exemplo da tensa relação entre as candidatas e os partidos está longe de ser um caso isolado. Episódios semelhantes, protagonizados por candidatas novatas que, pelo pouco tempo na política, têm bem menos poder de barganha, são uma constante. Eles aparecem na maioria das histórias contadas, e com muito mais proeminência entre candidatas mulheres.

Em todo o mundo, uma das principais funções dos partidos políticos é identificar potenciais lideranças e recrutá-las para disputar eleições. No Brasil, para ser candidata, é necessário estar filiada a um partido e ser por ele nomeada numa chapa. Além de apresentar listas de candidatos, os partidos também são as instituições responsáveis por orientá-los nas suas campanhas e ajudá-los a produzir seu material. No contexto brasileiro – em que doações de empresas para campanhas políticas são proibidas desde 2015, e os partidos têm acesso a fundos públicos, inclusive para o financiamento de campanhas –, os partidos são também responsáveis pela distribuição dos recursos. Para além do recrutamento e da distribuição de recursos – materiais de campanha e outros tipos de apoio, como assistência jurídica – para as candidaturas, eles ajudam os eleitores, já que lhes oferecem "atalhos" de informação sobre o posicionamento ideológico e potenciais bandeiras dos candidatos. Como, no Brasil, estar filiado é uma exigência para quem quer se candidatar, trata-se de uma relação com a qual as mulheres têm que lidar.

Mas, ainda que necessária, essa relação não é nada simples.

Com vagas limitadas para cargos considerados mais valiosos, a impossibilidade prática de as lideranças apoiarem todos os candidatos e recursos finitos para financiar campanhas, as candidatas novatas precisam criar estratégias para conseguir obter algum apoio que permita aumentar suas chances de eleição. Atentas a esse que é um dos principais desafios, neste capítulo, exploramos como elas navegam a conturbada relação com os partidos. Sobretudo, analisamos três momentos cruciais nas suas trajetórias para uma candidatura e relatamos como as candidatas: 1) escolhem os seus partidos; 2) se relacionam com as lideranças; 3) lidam com a distribuição de recursos.

A escolha do partido

As estratégias utilizadas na escolha dos seus partidos são muito diferentes, dependendo da ocasião em que isso acontece. Três são os processos mais comuns: escolher o partido antes que surja a vontade de se tornar candidata, escolher o partido depois de decidir se candidatar e, por fim, ser convidada por alguma liderança.

Lourdes Campos, uma candidata de Minas Gerais, começou a se aproximar do Partido Comunista Brasileiro (PCB) cinco anos antes de se candidatar. A filiação dela não estava relacionada à candidatura, ela queria, sim, fazer parte de um projeto político. No caso específico de Lourdes, ela entendia que precisava se engajar mais nos debates, tomar uma atitude, e queria uma forma de canalizar sua raiva perante as desigualdades que observava. "Construir um mundo novo" é o seu grande sonho. No PCB, ela encontrou o que procurava. Foram anos de trabalho interno, participação em reuniões, criando uma lealdade dela ao partido e ganhando a confiança das lideranças em relação a seu ativismo. Passado esse tempo, o PCB considerou que Lourdes era a pessoa indicada para disputar uma vaga.

> A gente tem uma forma de organização diferente dos outros partidos. A gente tem um projeto político que é construído de maneira coletiva [...]. A gente, na verdade, é escolhido para representar o projeto do partido, entende que é uma tarefa partidária antes de sair para as eleições. A gente escolhe uma série de pessoas com disposição, com possibilidade.

Essa construção de uma candidatura que ocorre dentro da estrutura do partido é, tradicionalmente, a mais comum. Nesses casos, a candidatura costuma ser produto de anos de relação entre a pessoa filiada e seu partido. Essa relação, muitas vezes, vai sendo construída com a prestação de serviços ao partido, como trabalho em equipes de campanha para eleger outros quadros, ou alguma função em gabinete de representante eleito do partido; isso antes que surja o convite para se candidatar (Assis et al., 2023).

Contudo, na maioria dos casos de nossas entrevistadas, o engajamento partidário e a filiação não costumam preceder a própria decisão de se candidatar. Várias das candidatas novatas primeiro optaram por se tornar representantes, depois se prepararam de alguma forma e, apenas após o processo estar em andamento, foram procurar o partido. Essa dinâmica parece ter se intensificado mais recentemente, sendo relacionada ao próprio surgimento de novos cursos preparatórios para a política, como relatamos no estudo +Representatividade, que conduzimos para o Instituto Update (Gatto, Thomé & Russo, 2021).

Quando a decisão provém da vontade delas de entrar para a política institucional, escolher um partido não é tarefa tão natural, já que as candidatas precisam fazer vários cálculos estratégicos, os quais envolvem tanto aspectos ideológicos quanto pontos bastante pragmáticos. Podemos considerar, entre esses itens observados, a afinidade com a ideologia do partido; a história prévia do partido e das lideranças quanto à promoção de candidatas mulheres, principalmente pretas e pardas; a aceitação do nome delas por parte das lideranças; o dinheiro que pode estar disponível para uma campanha; a forma como o partido é visto pelo eleitorado; e, principalmente, o que nem sempre entra nos cálculos: as efetivas chances eleitorais, de acordo com os pares que estarão concorrendo pelo mesmo partido ou com o poder do partido naquela cidade ou naquele estado específicos.

Nossa candidata Luciana Malta, de São Gonçalo, é um exemplo de quem, uma vez decidindo se candidatar, saiu em busca de um partido. Sua maior preocupação era que pertencesse ao mesmo campo ideológico que o seu e que eles tivessem afinidade de agenda.

> Eu escolhi o Partido Democrático Trabalhista por ele ter uma ideia de acolhimento das minorias, sabendo considerar as diversas desigualdades e diferenças que existem no país, conciliando a um projeto forte de nação e de soberania. Eu acredito que isso é muito importante em desdobramento nas outras escalas. Num contexto regional, municipal, é importante também considerar as diversas opressões que existem, levando em consideração também a necessidade de geração de emprego em massa, coisas que dialogam com o fortalecimento do Estado.

Contudo, na eleição seguinte frustrada com a experiência no PDT, Luciana foi em busca de um novo partido para disputar uma vaga de deputada estadual. Mesmo determinada a mudar, ela fez questão de não perder o alinhamento ideológico e escolheu se filiar ao PT.

Assim como Luciana, muitas candidatas, na hora de selecionar, utilizam como fator decisivo a abertura para algumas agendas específicas, bem como questões relacionadas à lisura do partido: preferem evitar agremiações que são vistas como corruptas ou como pouco responsivas aos seus eleitores. Preocupada com isso, antes de se filiar ao Democratas, Joana Cintra decidiu estudar a fundo 11 partidos em sua cidade, Goiânia, depois que já estava em seus planos se lançar candidata. Ela também queria um partido que abraçasse uma agenda que lhe era muito importante: a causa animal.

> Participei das reuniões e estudei as propostas. Em muitos, eu percebi que a idoneidade era duvidosa. Outros não tinham o perfil de defender as mulheres. Outros não tinham nada a ver com a causa animal. [...] Acredito que nós tenhamos que estar em partidos mais fortes se a gente quiser realmente realizar alguma coisa depois que você entra lá. Então, como eu não tenho medo de desafio de partido grande de muito voto, eu achei que seria uma boa opção.

Apesar da sua dedicação e da sua boa intenção, trajetórias como a de Joana podem gerar vários atritos quando se trata de criar uma campanha conjunta com o partido, uma vez que não existe uma relação solidificada. As lideranças partidárias, muitas vezes, sentem que estão sendo apenas usadas, como se fossem uma plataforma, ou, como dizem, é um "cavalo de Troia". As candidatas, por sua vez, se incomodam por não receberem os serviços e a atenção esperados.

Para além dessas duas formas de aproximação entre as candidatas e os partidos, há um terceiro caso, quando a candidata recebe um convite, tal como explicamos no capítulo anterior. Por conta da cota de gênero, no país, os partidos são obrigados a nomear mulheres para 30% das posições nas listas de candidatos para as disputas para as câmaras municipais, assembleias legislativas e Câmara dos Deputados. A regra mudou a dinâmica de recrutamento de candidatas (Araújo, 2001), criando espaço para mulheres, principalmente nas disputas de menor importância relativa, como para vereadora ou deputada estadual. Caso não consigam completar, na chapa, o percentual mínimo de mulheres exigido e fiscalizado pelo TSE, os partidos precisam reduzir a lista de nomes masculinos. Com alguma frequência, para convencer as candidatas, as lideranças repetem a mesma cantilena, prometendo mundos e, sobretudo, fundos. É o que conta Professora Cândida, que foi candidata à deputada estadual na Região Norte pelo Movimento Democrático Brasileiro (MDB), depois de uma tentativa anterior pelo PSD.

> Na realidade, não foi bem uma escolha assim. Eu me candidatei no PSD a convite. E, quando eu comecei a perceber que, na pré-campanha, o presidente não propagava um pré-lançamento de mulher, eu falei: "Gente, esse trem está errado. Vamos consertar isso". Chamei pra uma conversa, não teve a conversa. Eu falei: "Quer saber? Não sou obrigada". Eu tinha um contato com uma deputada federal de mandato, muito próxima ao nosso coletivo, que inclusive nos incentivou muito. E inclusive destinou emenda pra construção do Centro de Referência da Mulher. E aí, por conta disso, e ela é do MDB, eu acabei por essa afinidade mesmo com o trabalho das mulheres, eu acabei entrando então no MDB.

O caso de Professora Cândida mostra que a aparente facilidade em conseguir se tornar candidata não necessariamente se traduz em apoio partidário. Como discutimos no capítulo anterior, no entanto, receber um convite de um líder partidário – mesmo que sem apoio subsequente – pode ser importante para impulsionar a carreira política de algumas mulheres (Fox & Lawless, 2004), ainda que essa carreira continue em outro partido.

Como é possível notar pelo processo de escolha do partido, as lideranças partidárias são personagens fundamentais deste enredo.

A relação com as lideranças partidárias

Algumas candidatas chegam aos seus partidos por meio de convites de lideranças. Outras se filiam sem conhecer ninguém. Independentemente de como chegam até lá, ter uma boa relação com as lideranças é de suma importância para todas, já que isso aumenta muito as chances de terem mais poder e, portanto, acesso a mais recursos.

As candidatas são contundentes e recorrentes em descrever as dificuldades que enfrentaram no relacionamento com as lideranças partidárias, principalmente com os homens. Seja como for, por ora, não há saída: são eles a maioria dos líderes.

Dados de 2022, os últimos disponíveis sobre o tema, mostravam que, com exceção do Partido Novo (em que apenas 30% dos filiados são mulheres), a maioria dos partidos brasileiros tinha um percentual de filiados homens e mulheres muito semelhante. Nacionalmente, entre o total de pessoas filiadas, o percentual de mulheres era de 46% (Azevedo, Faria & Pitombo, 2022). Desde 2020, existe também uma determinação para que as cotas de 30% se apliquem a todas as instâncias partidárias – o que deveria garantir que, nos comitês internos, aumentasse o número de mulheres ocupando papéis de liderança (Justiça Eleitoral, 2020). Apesar de percentuais bem parecidos de homens e mulheres entre seus filiados (percentual que se mantém semelhante dois anos depois) e da cota de gênero para cargos de liderança, na prática, essa obrigação quase nunca é cumprida, e apenas seis dos 29 partidos registrados em 2024 são presididos por mulheres. A sub-representação das mulheres nos cargos de poder intrapartidários faz desse ambiente, no mais das vezes, um *locus* bastante hostil para as candidatas (Wylie, 2018).

Por serem espaços majoritariamente masculinos e instituições conduzidas por regras e procedimentos muitas vezes não escritos, os partidos políticos – no Brasil e no mundo – tendem a selecionar e dar prioridade às candidaturas de pessoas que já pertencem aos seus grupos de confiança, reproduzindo, assim, as hierarquias de poder já estabelecidas (Bjarnegård & Kenny, 2015; Mackay & Waylen, 2014). Como os processos de decisão internos variam de partido para partido – e até mesmo entre os diretórios de um mesmo partido –, não é fácil, para as candidatas novatas, saber como navegar pelos mares agitados e complexos das dinâmicas partidárias (Thomé, 2021). Isso acaba por criar desvantagens para grupos historicamente marginalizados da política formal, como é o caso das mulheres. São muitas as histórias que elas contam quando se trata de sua relação com as lideranças.

Imaginem a seguinte situação: o partido nomeia uma mulher para presidente do diretório municipal de uma cidade pequena. Dez dias depois, ocorre uma reunião na capital do estado e ela, assim como outras mulheres, simplesmente é esquecida na hora dos convites. Ficam sabendo do evento porque uma delas era casada com um candidato homem. Mas já era tarde demais para elas se organizarem para participar.

Outra situação: nas reuniões semanais do partido, você é uma candidata que sempre sugere estratégias de campanha e formas de lidar com os problemas com que o partido vem se deparando na cidade. Depois de quatro reuniões seguidas assim, você se dá conta de que a única forma de ser ouvida é pedir que um colega – não por acaso, homem – vocalize suas ideias. A estratégia funciona.

Esses são dois exemplos eloquentes vividos pelas candidatas, cujas relações mais tensas ocorreram justamente na disputa intrapartidária, e não fora dessas fronteiras. Em uma pesquisa que conduzimos no período anterior às eleições de 2020, que ocorreram durante a pandemia de Covid-19, demonstramos que, no lugar da explicação mais proeminente na ocasião – de que, no contexto pandêmico, a dupla jornada seria responsável pela ausência das mulheres na política –, o principal fator que reduzia a intenção de mulheres já filiadas a um partido de se candidatarem era a suspeita de que teriam dificuldades para conseguir apoio das lideranças partidárias (Gatto & Thomé, 2020). Não à toa, as lideranças são vistas como os principais algozes também no que diz respeito ao que muitas delas classificam como violência política de gênero, tema de outro capítulo.

Claudiane iniciou sua militância no Maranhão aos 16 anos, quando foi presidente do grêmio estudantil da escola. As insatisfações com o ambiente escolar, resultado da precariedade ou mesmo da ausência de políticas públicas de educação, acabaram levando-a a organizar um grande movimento em seu colégio. O movimento secundarista a conduziu até o PT. Com 15 anos de relação intensa com o partido e de atividade política, o que acabou dificultando a conclusão de seus estudos na faculdade, Claudiane era uma das grandes apostas do PT em 2022 para a Assembleia Legislativa do seu estado, tendo em vista o financiamento que recebeu e os quase 20 mil votos. Mesmo com um histórico sólido com o partido e um bom montante dos fundos partidários, ela não teve uma relação suave com os homens do PT.

> [A relação com os] homens é mais difícil, eu não vou citar nomes [...], ainda que haja espaço, eles [consideram que eles] é que têm de disputar as vagas. Quando eu falo que eu ia ter 5 mil votos, quando eu falo da dificuldade, tudo isso gera disputa. [...] Então, é bem difícil ainda. A gente enfrenta esse preconceito mesmo, do machismo, do racismo ou também o preconceito geracional. Porque eu fui a mais jovem como candidata a deputada.

Outro problema que Claudine enfrentou foi na construção das "dobradas" ou "dobradinhas". Trata-se de candidaturas que, na disputa por cargos distintos, se apoiam otimizando recursos e aumentando a viabilidade eleitoral, pois ambos candidatos pedem votos para a dupla. Em eleições para deputado, as dobradas costumam ser formadas por um candidato a deputado federal e outro a deputado estadual. De acordo com Claudiane e outras candidatas, a preferência dos candidatos a deputado federal que poderiam fazer dobradinhas com elas era dada a postulantes que já ocupavam uma vaga na Assembleia Legislativa e, portanto, disputavam a reeleição. Como os homens são a maioria entre os eleitos, essa preferência acaba fazendo com que mulheres, principalmente as novatas, tenham dificuldade de encontrar uma dobrada para chamar de sua. Claudiane acabou, depois de um tempo, conseguindo convencer uma candidata mulher a unir forças em uma dobradinha – mas, sendo as duas candidatas sem cargo, e, portanto, sem um eleitorado consolidado, a estratégia deu menor retorno para ambas.

Uma vez que são muitos os desafios enfrentados na relação tanto com as lideranças quanto com os homens do partido, as mulheres que seguem na vida política, querendo construir uma trajetória sólida, acabam encontrando estratégias para garantir que terão espaço dentro das estruturas. Uma forma é por meio do setorial de mulheres. Em boa parte, a existência desse órgão interno em todos os partidos é resultado das mudanças ocorridas nas leis nos últimos anos, as quais reservam 5% do fundo partidário para a formação e preparação de mulheres. Por um lado, esse recurso fortaleceu um pouco as mulheres nos partidos, pois ganharam um órgão próprio. Ao mesmo tempo, acabou por criar uma seção que demarca e reforça a separação entre homens e mulheres no interior da estrutura partidária, fazendo com que, às mulheres, fique reservado seu próprio setorial, enquanto, aos homens, todos os demais postos.

Dina Salgueiro, por exemplo, acabou se beneficiando por integrar o setorial de mulheres de seu partido. Em 2022, já na reta final da campanha para deputada estadual em Pernambuco, teve seu financiamento ampliado, acredita ela, justamente por essa participação. E o mais importante: com esse apoio, Dina conseguiu se eleger!

> Pela primeira vez na história, desde a criação dessa reserva do fundo partidário que a Setorial de Mulheres do partido investiu em algumas candidaturas consideradas prioritárias. Então, ali na retinha final da minha campanha, vem um respiro, um aporte financeiro do partido a partir de uma deliberação da Setorial de Mulheres. Acho que pra mim deu R$ 40 mil.

Dada a menor competição por cargos internos no nível local, ou seja, nos municípios, outra forma de participar mais diretamente das decisões do partido – e, por consequência, de alavancar suas candidaturas – é buscar ser "o cabeça" do partido na sua cidade. Anna Salomão se elegeu vereadora por uma capital do Centro-Oeste em 2020. Muito ativa na Câmara, acabou disputando, dois anos depois, uma vaga a deputada federal. Não é possível afirmar se sua postura e proatividade – o que poderíamos também chamar de carisma e vocação para política – a levaram a conseguir esse espaço; ou se fazer parte da liderança do seu partido foi que a ajudou a crescer mais depressa. Fato é que Anna, uma jovem branca, evangélica e progressista em um partido de centro-direita, teve bastante proeminência local ao conseguir o apoio do principal líder do partido do seu estado. Ganhando a confiança, ela passou a presidir o diretório da capital, o que facilitou para que tivesse o suporte dos "caciques" do partido e recebesse um financiamento de quase R$ 1 milhão na eleição para deputada federal.

> Sou a primeira mulher a presidir o partido aqui na cidade. A gente fez um grande debate dentro do partido, entendendo que a candidatura de mulheres não é o resultado, mas é o ponto de partida. Ela sempre é o resultado de uma série de esforços. Então, assim que eu

me tornei vereadora, disputei a presidência do partido e, a partir disso, também comecei a construir dentro do partido a agenda de dar prioridade a candidaturas, como a minha, que não vêm de famílias da política. Então, o partido também foi importante, porque o partido assimilou isso. A gente fez um debate muito profundo.

Anna entende todo esse processo que viveu a partir da importância de, em suas palavras, "se reconfigurarem as relações de poder dentro das instituições, e não apenas das candidaturas". Bem alinhada com os estudos que demonstram os vieses de gênero das instituições partidárias (Butler & Preece, 2016), Anna comenta como o que considera "abismos institucionais" acabam por enfraquecer candidaturas femininas, como a dela. Estar na presidência local do partido ajudou no amadurecimento partidário, fazendo com que, enfim, se entendesse que era necessário um esforço conjunto – de homens e mulheres, sobretudo os da liderança – para tentar mudar a cultura machista interna.

Outra forma comum de lidar com os partidos é fazer o oposto, ou seja, não confrontar os vieses de gênero e de raça enraizados nas dinâmicas de poder para, assim, garantir que não se perderá o apoio de lideranças (masculinas) importantes. Essa foi a estratégia adotada por Cel Gois, mulher preta do Rio de Janeiro, que disputou uma cadeira por um partido de direita, depois de ser uma das grandes apostas do curso RenovaBR. Convivendo com muitos homens conservadores, sua decisão foi a de não confrontar atitudes machistas e racistas. Em vez disso, preferiu deixar evidente que tinha uma candidatura forte, que era um nome em quem o partido deveria apostar. Seguindo em um campo minado, por desafiar o *status quo* na cara e na coragem, Cel Gois foi estratégica.

Não dá para chegar de sola com um discurso que reforce a ideia de "esses homens brancos, ricos, héteros". Então, é chegar séria, se impondo, mostrando seu potencial, porém tem um monte de coisa que você tem que entubar, porque é uma perda de tempo e uma puxação de corda. [...] Você tá precisando dos caras. Então, assim, passam várias coisas que você fala: "Caraca, machista, racista" – mas vai ter que deixar. Quando é uma coisa muito grave, você se impõe, mas com um discurso que precisa ser muito comedido.

Essas experiências, longe de serem limitadas aos exemplos que destacamos, ocorrem de forma frequente entre as candidatas: diante dos desafios de lidar com a falta de poder dentro das estruturas partidárias, sobretudo junto a lideranças, as mulheres da política vão aprendendo estratégias que permitem que elas se relacionem de forma mais eficiente com os partidos e seus líderes. Algumas optam por atuar nas áreas "reservadas" para as mulheres; outras buscam oportunidades para controlar o partido, sendo elas mesmas "o cabeça", e algumas aceitam as dinâmicas de poder que já estão postas e caminham estrategicamente pelas brechas.

Me dá um dinheiro aí – acesso aos recursos de campanha

A boa relação e o contato próximo com as lideranças partidárias são fundamentais numa campanha por inúmeros motivos. Lideranças partidárias distribuem importantes recursos, tais como tempo de TV e número de urna, além de darem a demonstração pública de quem são os candidatos que apoiam. Em um contexto de fundos públicos controlados pelos partidos, são também as lideranças que controlam como o dinheiro para o financiamento de campanha será distribuído (Avelino & Biderman, 2019; Samuels, 2001). E um nome na lista sem apoio ou dinheiro dificilmente terá chances de se eleger.

É justamente nesse ponto que a relação de várias candidatas com os seus partidos tende a ser muito ruim. Elas reclamam não apenas da falta de apoio político – que seria fundamental para aumentar sua viabilidade eleitoral –, mas, em alguns casos, de boicote deliberado: promessas não cumpridas, dinheiro não fornecido ou repassado somente nos últimos momentos da campanha, quando já é difícil aumentar a publicidade ou contratar cabos eleitorais (ou, como alguns chamam, os *brokers*).

De acordo com a lei, às candidatas mulheres devem ser destinados, ao menos, 30% do total dos fundos públicos aos quais os partidos têm acesso. A distribuição também deve obedecer ao critério de raça, ou seja, o fundo deve ser repartido de forma proporcional às candidatas pretas e pardas nomeadas na chapa. Obedecidas essas regras e o teto de gastos, o partido pode decidir distribuir o montante como bem lhe aprouver entre as suas diferentes candidatas. Em geral, na prática, as que são consideradas com mais viabilidade eleitoral acabam recebendo uma parte maior do bolo. Não resta dúvidas, há uma racionalidade nisso.

Sabedoras de que o dinheiro é parte fundamental para aumentar suas chances, com frequência, as candidatas ficam insatisfeitas com o que consideram um baixo valor de financiamento ou o momento da campanha em que ele chega. Os apoios que recebem não estão restritos ao dinheiro em conta propriamente dito: elas podem também receber materiais de campanha, como santinhos, assistência jurídica e contábil, suporte para a organização de eventos e reuniões. O próprio apoio de um candidato que as apresenta ao eleitorado, ao fazer a dobrada, é algo bastante valioso.

Seja como for, muito mais frequentes que os elogios são as reclamações das candidatas no que diz respeito à falta de apoio. O não cumprimento de algumas promessas, a falta de transparência na distribuição dos fundos e no suporte político acabam gerando uma frustração enorme. Tanto que, na maioria das vezes em que perguntamos se elas estavam satisfeitas com o financiamento, a resposta não deixava dúvidas; era um contundente NÃO!

Uma das indignadas com a falta de financiamento de campanha foi Daise Santos. Menos de duas semanas antes do dia da votação, em 2020, a candidata a vereadora em uma cidade de pouco mais de 10 mil habitantes em Minas Gerais tomou uma decisão bastante arriscada: depois de muita briga e muita demora, ela preferiu nem receber o dinheiro que lhe fora oferecido. Seu argumento era de que, àquela altura do campeonato, ela talvez tivesse dificuldade de gastar o montante, de justificar o financiamento, e poderia arranjar problemas com a Justiça Eleitoral. Ao longo da campanha, para além dos santinhos, teve que contar com o apoio da família para fazer visitas e pedir votos. O partido só forneceu a tempo o material de papelaria e a gravação de um vídeo.

Um detalhe: o partido a que Daise se filiou não era o seu preferido. Entretanto, como se tratava do partido do prefeito, ela achou que isso poderia aumentar suas chances. Porém, sem ter o apoio explícito do prefeito e sem o dinheiro, conseguiu apenas 37 votos, ou, como lembra, 36, já que um voto foi o dela.

Disputando uma vaga de deputada estadual, Policial Francisca teve algum financiamento e conseguiu bem mais votos, ultrapassando os 14 mil. Mesmo assim, saiu frustrada diante da falta de organização e do financiamento baixo.

> O que eles queriam apenas é que eu me desdobrasse em mil para conseguir votos para o partido, mas sem dar nenhum tipo de apoio nem de orientação, nem de grana, nem de nada. [...] Na verdade, as mulheres são bem valiosas para cotas na campanha. Então, o que eles fazem é passar o canto da sereia nas mulheres para elas serem candidatas, mas depois eles não dão nenhum suporte. [...] O que teve foi diferença de financiamento, sim, tinha uma pessoa que era a preferida, e aí essa pessoa recebeu três vezes mais do que eu recebi

do partido, além de estar sempre com o principal candidato e utilizar toda a estrutura da campanha do deputado federal. Eu falo, por exemplo, um jatinho, avião, material e com cabo eleitoral. Era tudo direcionado para um candidato só, do sexo masculino, o preferido.

Policial Francisca não foi a única a se indignar com a falta de prioridade no financiamento. Os dados mostram que, em 2022, no ano em que Policial Francisca concorreu, nove dos 32 partidos não haviam repassado a reserva mínima do fundo de campanha para mulheres e pessoas negras (Garcia, 2022). Mesmo com a lei, a desigualdade na distribuição de recursos persistiu: homens brancos receberam 51% dos fundos para campanha (apesar de serem 33% dos candidatos), enquanto mulheres brancas receberam 15,7% dos fundos (sendo elas 15,4% dos candidatos), e mulheres negras receberam 11,2% dos fundos (sendo elas 17,7% dos candidatos). No total, portanto, as mulheres receberam cerca de 27% dos fundos. A falta de recursos foi ainda mais severa para homens negros, que, apesar de serem 32,4% dos candidatos, receberam apenas 21% dos fundos disponíveis (Gatto Boueri & Soares, 2022).

As vivências das nossas entrevistadas estão alinhadas a uma série de estudos que mostram, de forma consistente, que os partidos tendem a dar menos apoio, dos mais diferentes tipos, para mulheres e pessoas negras (Bueno & Dunning, 2017; Campos, 2015; Sacchet & Speck, 2012).

As "laranjas"

O acesso a poucos recursos para campanha tem uma relação direta com a (baixa) competitividade das candidatas. Por exemplo, nas eleições de 2012, 2016 e 2020, em torno de 10% das candidatas às câmaras municipais conseguiram somente cinco votos ou menos.

No caso dos homens, nos mesmos anos, o percentual registrado foi de 1% a 2,4% dos candidatos, a depender da eleição. Esses números sugerem que talvez se trate de casos que a literatura de ciência política e mesmo o senso comum nomeiam como "laranjas" (Gatto & Wylie, 2021; Wylie & Dos Santos, 2016; Wylie, Dos Santos & Marcelino, 2019).

Em alguns exemplos, candidatas "laranjas" são mulheres propositalmente nomeadas para ajudar os seus partidos a burlar a lei de cotas e a reserva de financiamento. Nesses casos, as candidatas podem arregimentar poucos ou muitos votos, mas recebem um quinhão dos 30% que, posteriormente, é repassado para candidatos homens. Longe de ser exceção, esse caso é bastante comum, mesmo entre candidatas bem fortes. Em 2019, a deputada federal Alê Silva, eleita pelo Partido Social Liberal (PSL) de Minas Gerais, denunciou um esquema dentro do partido para beneficiar os candidatos, em detrimento das mulheres.

Em outras situações, os partidos não usam as mulheres para alocar recursos para os homens, mas também não dão condições suficientes para tornar essas candidaturas competitivas – um arranjo que, às vezes, é consentido por elas. Por exemplo, no Tocantins, Erminda vinha atuando na militância política desde a Constituição de 1988. Participou de centros acadêmicos e de diretórios. Quando saiu da faculdade, passou a integrar um partido, mas fortaleceu sua ação política principalmente integrando conselhos. Chegou a ter um cargo nacional durante a presidência de Dilma Rousseff. Pela quantidade de votos que recebeu, combinando com o financiamento, Erminda acredita que poderia acabar classificada como candidata laranja. No entanto, ela tem uma excelente relação com seu partido e uma explicação para o que aconteceu.

> Em 2018, não que eu tenha sido uma candidata laranja, eu fiz uma campanha de verdade, mas nós sabíamos que não teríamos um re-

sultado de votos grande. Era o momento de se lançar e de potencial. O PT, por exemplo, para dividir os recursos, cria essas categorias de pessoas com potencial de serem eleitas e pessoas com potencial de projeção.

Para muitas candidatas, no entanto, se tornar "laranja" foi algo não previsto. Por exemplo, Antonia, candidata do Rio de Janeiro, líder entre as esposas de pessoas encarceradas, filiou-se a um partido a convite de uma liderança para se candidatar e tentar lutar mais de perto por sua agenda. A dois meses das eleições, ela não conseguiu nenhum tipo de apoio partidário para a sua campanha, fosse financiamento, santinhos ou tempo de rádio e TV. Assim, numa conversa sobre o tema, durante outra pesquisa realizada também com candidatas, Antonia afirmou que ela mesma tinha desistido de fazer campanha e de votar em si própria, pois não via chance alguma de ser eleita. Tentou retirar a candidatura, mas isso envolvia uma enorme burocracia. Preferiu, então, abandonar os esforços na campanha.

As vozes dos partidos

Os discursos das lideranças partidárias reiteram a ideia de que os partidos agem estrategicamente para dar prioridade a candidaturas que calculam ser viáveis – o que acaba desfavorecendo candidatos de grupos marginalizados da política formal. De acordo com as lideranças partidárias que entrevistamos,* o primeiro critério para alguém ser prioritário na distribuição do dinheiro é já ocupar um

* Em outra etapa da mesma pesquisa, entrevistamos nove lideranças partidárias, pertencentes a cinco diferentes partidos, no primeiro semestre de 2023.

cargo. Outro critério adotado é a experiência prévia em eleições, sinalizando que aquele determinado nome é potencialmente capaz de arregimentar muitos votos. Em seguida, as lideranças valorizam pessoas que já têm uma relação sólida com o partido. Em geral, são filiadas há bastante tempo e, como tal, já ajudaram na campanha de outros quadros, ou serviram em algum gabinete.

Ainda que essas pareçam categorias bastante concretas e sem viés de gênero, o fato de os homens serem a maioria entre os eleitos – e também entre os candidatos com mais experiência em eleições – frequentemente os leva a serem percebidos como opções mais viáveis e menos arriscadas eleitoralmente.

Uma liderança do PT de um estado do Nordeste explica que a decisão combina o que é pragmático com o que é programático. Assim, os partidos – e não apenas o PT – tendem a favorecer nomes que já têm um mandato e disputam novamente as eleições (pragmático) e aqueles que têm uma relação estreita com o partido (programático).

> Trabalha primeiro o recorte que é dos que têm mandatos, porque para nós é uma prioridade agora. Mas, é claro, avaliando se vale a pena ter um parlamentar do partido que não acompanhe o partido, então, isso é um debate que nós vamos fazer. Porque o PT não vai dar legenda a um vereador, um prefeito que não esteve comprometido com as orientações do partido.

Uma liderança do Solidariedade da Região Sul traz uma perspectiva bem parecida.

> Os partidos, geralmente, eles focam em quem já teve uma experiência de candidatura. Que já tem uma medida. Porque a gente nunca sabe. Claro, você consegue identificar uma liderança que tem um potencial e tal. Mas, geralmente, quem já foi candidato a vereador, ou quem já disputou uma eleição majoritária para prefeito, ou quem

já foi candidato a estadual. Geralmente as conversas focam primeiro nessas pessoas.

Ou seja, de Norte a Sul do país, nos partidos de esquerda à direita, a estratégia de dar prioridade a candidatos que já têm cargo ou alguma experiência de campanha acaba por criar desvantagens para as mulheres, as quais continuam a ser sub-representadas como candidatas e eleitas. Essa estratégia também demonstra como critérios que parecem neutros podem produzir desvantagens para as mulheres de forma desproporcional.

Assim, parece ficar bem evidente que a relação entre as candidatas novatas e as lideranças partidárias ainda precisa melhorar muito para que as mulheres da política tenham mais chances de serem eleitas. Quando esse desacordo fica mais evidente, é muito comum que se volte a mencionar a possibilidade de candidaturas avulsas.

Nessas horas, é bom lembrar que, para além de divergências institucionais, candidaturas avulsas tampouco estão protegidas de enfrentar todos os vieses de gênero das instituições e da sociedade (Buckley, 2020), pois, nessas circunstâncias, as candidatas, sozinhas, devem tornar conhecidos os seus nomes e criar seu capital político. E, acreditem, isso não é nada fácil.

O fortalecimento de lideranças femininas dentro dos partidos, com mulheres vistas como fiéis àqueles ideais e poderosas internamente, tende a ajudar outras candidatas dentro da estrutura partidária (Wylie, 2018). Mas, sem dúvida, os homens (principalmente os que ocupam lugares nas lideranças) ainda precisam fazer a sua parte cedendo espaço, incentivando e apoiando candidaturas femininas. Sobretudo, precisam entender que o aumento da presença de mulheres na política veio para ficar.

Como algumas candidatas perceberam durante as suas campanhas, mais diversidade e renovação na política é justamente o que o eleitorado deseja. Falamos dessa relação com os eleitores no próximo capítulo.

5

Enfrentando as ruas (e as redes)

Na sua primeira campanha para vereadora do Rio de Janeiro, em 1982, ao ser convidada para concorrer, Benedita não conseguia imaginar qual seria a estratégia plausível para convencer o eleitorado. Afinal, por ser uma mulher da favela como suas companheiras, ela pertencia ao grupo que dava votos àqueles que tinham mais poder, pedindo para que resolvessem seus problemas, como a falta de água e esgoto – e não do grupo que pedia votos para si própria. Desse modo, como poderia ser a candidata?

De início, Benedita não enxergava um bom argumento para conseguir convencer alguém. Sem receber nenhum dinheiro do partido ao qual estava filiada, o PT, decidiu enfrentar as ruas com essas mesmas companheiras do movimento das favelas. Juntas, repetiam a frase "Quem bate cartão não vota em patrão". O *slogan* deu tão certo que a candidata conquistou os votos necessários para se tornar vereadora da cidade do Rio de Janeiro (Fundação Perseu Abramo, 2022). Desde então, Benedita foi deputada federal, senadora, secretária de Assistência Social e Direitos Humanos do Rio de Janeiro, vice-governadora e governadora do estado e ministra da Assistência e Promoção Social do Brasil. A política era mesmo o lugar dela.

Marina Silva é outra candidata que ganhou bastante intimidade com as campanhas. De 1986 até 2022, já foram nove disputas, sendo eleita pela primeira vez em 1988, como vereadora de Rio Branco, capital do Acre. Nas suas campanhas, a origem pobre e a liderança do Sindicato dos Seringueiros sempre foram pontos de maior destaque, bem como seu pacifismo, a honestidade e o esforço de construir uma terceira via de conciliação. O tratamento dispensado a Marina durante as campanhas, em geral, sempre foi respeitoso, o que a favorecia em disputas para o Legislativo. Mas tudo mudou em agosto de 2014.

A campanha presidencial daquele ano foi marcada pela morte trágica do candidato Eduardo Campos, de cuja chapa Marina era vice. Até aquele momento, os números do Datafolha mapeavam a intenção de voto com 38% para Dilma Rousseff, 23% para Aécio Neves e 9% para Eduardo Campos. Uma semana após o ocorrido, mesmo vivendo o luto e uma dor imensa pela perda, com a campanha nas ruas, Marina Silva assumiu a chapa. Ela já vinha de uma boa campanha em 2010, quando, com 19% dos votos, foi a terceira na disputa presidencial. Tornando-se o cabeça de chapa em 2014, em duas semanas, o jogo mudou completamente. E o Datafolha registrou o seu empate técnico com Dilma Rousseff (com 34% e 35%, respectivamente), enquanto Aécio Neves caía para 14% das intenções de voto.

Ao passar a ser uma candidata bastante competitiva, Marina começou a sofrer um dos mais ferozes ataques pessoais coordenados em campanha que já se viu no Brasil. Os marqueteiros do Partido da Social Democracia Brasileira (PSDB) e do PT, partidos que vinham até então protagonizando as disputas presidenciais, voltaram toda a sua artilharia para atacar Marina Silva. Isso ficou evidente durante toda a campanha, nos eventos e nos programas do horário gratuito de televisão. O PT, partido ao qual fora filiada por 27 anos, criou uma narrativa em que sistematicamente a acusavam de querer construir um projeto antipopular, antinacional, ortodoxo do ponto de vista econômico; conservador do ponto de vista dos direitos humanos; regressivo na reforma política e prejudicial ao trabalhador. Logo Marina Silva, que tinha uma história de luta entre os trabalhadores, iniciada nos seringais.

As ofensas e difamações durante a campanha surtiram efeito, e Marina acabou derrotada ainda no primeiro turno, com 21% dos votos. Saiu da campanha exaurida, com suas forças políticas bastante abaladas. Em 2018, com o país em pé de guerra, voltou às ruas e às redes, com uma campanha que falava em "juntar as mãos". Porém, nessa nova tentativa, a força dos "marineiros", como ficou conhecido o seu eleitorado, já se diluíra.

Campanhas são o grande momento das candidatas nas ruas, permitindo que as ações e intenções, finalmente, se convertam em uma vaga. Mas campanhas também podem ser um tempo de imenso desgaste.

Um período intenso

Já vimos os motivos que levam as mulheres a almejar um cargo eletivo e as dificuldades que muitas têm de encontrar um partido que não só as queira nomear, mas que também tenha o compromisso de apoiar suas candidaturas. Depois desses dois primeiros passos – isto é, decidir se candidatar e, de fato, se tornar candidata –, vem o terceiro momento: a campanha eleitoral. O período de campanha é intenso; por cerca de 50 dias, as candidatas têm a dura tarefa de se destacar dos outros concorrentes, chegar até o eleitor e convencê-lo a apertar seu número na urna no dia das eleições. Afinal, é ele, por meio do voto, que toma a decisão final sobre quem será eleito ou não.

As disputas são acirradas, portanto, é preciso se diferenciar. Ao contrário das eleições presidenciais, que são amplamente divulgadas pela mídia, quando se trata de cargos com menor importância relativa, como aqueles a que as nossas entrevistadas concorreram, eles costumam atrair bem menos holofotes (Jacobson, 2015). Sobressair-se nas eleições para as câmaras municipais, assembleias legislativas e Câmara dos Deputados é particularmente difícil: além de terem pouca atenção da mídia, são muitos os candidatos. Por exemplo, em 2020, 1.590 pessoas concorreram às 43 vagas da Câmara Municipal de Salvador. Isso quer dizer que são 37 candidatos para cada vaga. Em 2022, para a Assembleia Legislativa da Bahia, que tem 63 vagas, foram 913 candidatos – ou seja, 14,5 candidatos por vaga.

Nessas disputas, os candidatos não concorrem somente contra candidatos de outros partidos, mas também contra os próprios correligionários. Ou seja, o partido a que se está filiado não é suficiente como um diferencial: os candidatos têm que desenvolver campanhas que deixem evidentes os seus atributos pessoais e propostas individuais (Carey & Shugart, 1995). Campanhas são importantes principalmente para candidatos novatos (Jacobson, 2015); isso porque, enquanto os políticos incumbentes – aqueles que têm cadeiras – já são conhecidos por uma parcela do eleitorado (afinal, foram escolhidos por ele), os novatos precisam usar as campanhas para ficarem conhecidos pelos eleitores.

Neste capítulo, relatamos as experiências das candidatas nos quase 50 dias que passaram fazendo campanha. Primeiro, falamos sobre o que fazem para chamar a atenção do eleitorado; em seguida, discutimos o que elas viram de positivo no processo; finalmente, relatamos as dificuldades que passaram durante o período de campanha.

Os vários atos da campanha

Fazer uma campanha eleitoral exige planejamento. As mulheres que concorrem a um cargo nas câmaras municipais e prefeituras têm a tarefa de se tornarem as escolhidas pelos eleitores dos seus respectivos municípios; já as candidatas concorrendo a uma vaga às assembleias legislativas ou Câmara dos Deputados devem ir além e convencer eleitores espalhados pelas diversas regiões dos seus estados. Tanto nas disputas locais quanto nas estaduais, o primeiro desafio de muitas candidatas é se tornar conhecidas, isto é, fazer com que os eleitores se lembrem dos seus nomes – e dos seus números – no dia da votação. Na tentativa de atingir esse objetivo, as candidatas planejam campanhas que combinam diferentes estratégias e atividades.

Mesmo que a maioria delas seja novata, as candidatas entrevistadas utilizaram um arsenal de ações para atrair o eleitorado. Em geral, defendem a importância do contato direto com o eleitor – do corpo a corpo –, mas, nos tempos atuais, também veem valor em ter uma forte presença nas redes. A perspectiva das candidatas sobre a importância de combinar estratégias tem embasamento empírico: como mostram estudos no contexto brasileiro e internacional, diversificar o portfólio das atividades de campanha realizadas ajuda a torná-las mais competitivas (Speck & Mancuso, 2017; Sudulich & Wall, 2011).

Além de produzir material de divulgação – como *jingles*, *slogans*, panfletos, adesivos, camisetas e vídeos para as redes sociais –, elas também buscam promover oportunidades de contato direto. O leque de estratégias para atingir esse objetivo é amplo: elas contratam carros de som, organizam e participam de reuniões e debates temáticos, realizam visitas domiciliares, vão às ruas distribuir panfletos com suas propostas e participam de diversos eventos públicos, como debates, entrevistas, passeatas e carreatas. Para se destacar durante um período no qual o eleitorado é bombardeado de informação, muitas candidatas usam a criatividade. Algumas são irreverentes. Esse é o caso de Theodora das Nossas, candidata a deputada federal no Tocantins por um partido de centro-esquerda, numa candidatura coletiva. Ainda que tivessem uma verba razoável, o montante era pouco para realizar a campanha em todo o estado. Defendendo uma agenda com foco nas pessoas LGBTQIA+, em dobradinha com uma candidatura à Assembleia Legislativa, ela e seus companheiros bolaram uma "desculpa" para puxar conversa com os eleitores e, com isso, mostrar a capacidade de ocupar uma vaga:

> A gente vai pedir voto, a gente não leva santinho, a gente leva currículo. A gente fez os nossos currículos e distribui para a população. E a gente chega pedindo emprego para as pessoas: "Estou aqui hoje distribuindo currículo porque eu estou pedindo emprego para você". As pessoas ficam assim: "Como assim, emprego?". Aí eu paro, explico sobre por que estou pedindo emprego, por que que eu quero ser [seu] representante".

A dinâmica das campanhas eleitorais varia bastante de ano a ano. Mas a de 2020 foi um momento atípico da história eleitoral do país. Com a pandemia de Covid-19, chegou-se a cogitar uma série de mudanças na campanha, a começar por uma que de fato ocorreu, que foi o adiamento da data das eleições em mais de um mês.

Para as candidatas disputando as eleições de 2020, ter contato direto com o eleitor foi algo bem mais difícil. Dado que atividades de campanha comuns às outras eleições, como comícios, carreatas e reuniões domiciliares, tendem a promover aglomerações ou pelo menos agrupamentos, o TSE proibiu atos que pudessem ser um foco de contaminação (Tribunal Superior Eleitoral, 2020). Para tentar compensar a perda de contato presencial, muitas candidatas conversaram com potenciais eleitores por telefone e grupos de WhatsApp. Sandra Pedrosa foi candidata a vereadora em uma cidade média da Bahia naquele ano, pelo PSB. Com um financiamento baixo de campanha, que não chegou a R$ 8 mil, e preocupada com as questões de contaminação das pessoas mais próximas a ela, sua decisão prática foi recorrer ao telefone. Assim, podia manter o diálogo sem estabelecer o contato físico. Essa foi uma solução possível diante das limitações:

> As pessoas têm a necessidade de ouvir o candidato. Então, eu investi muitas horas. Horas e horas ligando para as pessoas, perguntando como elas estavam, como estava a saúde, se precisavam conversar. Se eu podia me aproximar da casa, conversar no portão para tentar me aproximar um pouco mais, e assim eu fiz.

A cautela que muitas candidatas relataram ao mudar as suas estratégias de campanha por causa da pandemia pode ter salvado, além de vidas, as suas próprias candidaturas. Um estudo de opinião pública conduzido durante o período da campanha das eleições municipais em 2020 mostra que os eleitores viram com maus olhos os candidatos que insistiram em realizar atividades presenciais de campanha em meio ao momento de calamidade pública. Mais que isso, estavam dispostos a punir (ou seja, não apoiar) os candidatos que adotaram essa prática, principalmente quando se tratava de candidatas mulheres. De acordo com as autoras do estudo, isso está relacionado às expectativas de que mulheres deveriam estar mais preocupadas que homens com o bem-estar coletivo e em evitar maiores riscos para a população (Borges Martins Da Silva & Gatto, 2021).

Com as limitações de contato físico e as exigências do TSE, a eleição de 2020 consolidou a importância das campanhas realizadas em redes sociais, um movimento que já havia mostrado sua força em 2018. Apesar de lamentarem o fato de que as redes permitem apenas um contato mais distante com os eleitores, as candidatas veem nas plataformas digitais – principalmente no Facebook, no Instagram e nos grupos de WhatsApp – um modo de apresentar propostas e legitimar as suas candidaturas de forma relativamente barata.

Andriely Marques, que concorreu a uma vaga de vereadora pela Rede, em João Pessoa, na Paraíba, aprendeu a lidar melhor com as redes sociais conforme sua trajetória política foi se consolidando. Tanto que, quando se candidatou pela primeira vez, em 2018, seu nome nem sequer aparecia quando fazia uma pesquisa pelo Google. O canal de buscas, como identificamos por alguns grupos focais que realizamos, é um dos principais meios para os eleitores se informarem sobre candidatos. Logo, o fato de o Google não apresentar as informações de Andriely prejudicava a sua campanha. Assim como ela, várias candidatas investiram bastante tempo produzindo material para as redes sociais, com o objetivo de alcançar o maior número possível de eleitores ao mesmo tempo. Algumas, inclusive, encontraram nas redes uma forma de estabelecer uma relação com os eleitores muito antes do período eleitoral. Andriely, por exemplo, focou na realização de *lives* para estreitar os laços com o eleitorado, mas explorou menos o Whatsapp, tanto que, no seu perfil, não usava a foto com seu número de urna.

> Quando acabou a eleição de 2018, eu disse para todo mundo que eu não parei a campanha, eu já comecei a campanha de 2020 em 2018. Eu comecei a desenvolver ali, todas as semanas, uma vez na semana, um projeto de *lives*. [...] Então, toda semana a gente trabalha temas para que as pessoas conheçam o que eu penso de cada tema, então nós temos feito essas *lives*, e temos participado de outras *lives* coletivas nos movimentos sociais.

Como em cada ano a campanha reflete uma conjuntura diferente, em 2022, a centralidade das redes sociais nas campanhas diminuiu um pouco, levando as candidatas de volta às ruas e aos encontros presenciais. Depois de quase dois anos de afastamento por conta da pandemia, o eleitorado demandava relações mais próximas. Tanto que, apesar de terem sido fundamentais nas eleições de 2020, para alguns cargos, as campanhas on-line fizeram um pouco menos de sentido na eleição subsequente.

Apesar de parecer muito melhor o corpo a corpo quando feito no estilo tradicional – isto é, incluindo o contato e o olho no olho –, uma das grandes diferenças da campanha fora das redes é que ela requer um financiamento muito maior. Para algumas candidatas, isso pode ser crucial, pois a falta de dinheiro impede que realizem suas campanhas com chances reais de vitória. Contudo, para outras, como o caso de Cel Gois, o financiamento não foi um problema, o que garantiu que realizasse muitas atividades. Participante do curso preparatório para candidatos RenovaBR e disputando uma vaga de deputada estadual por um partido de direita, ela pôde embarcar na campanha com foco mais nas ruas que nas redes.

> A gente não está fazendo quase nada on-line, porque a gente entendeu que as pessoas enjoaram da lógica on-line, e a gente também enjoou um pouco. Em 2020, a gente fez uma campanha toda assim. Então, o que a gente faz hoje é muito comício doméstico, é o que mais interessa, porque as pessoas estão ali, e elas têm tempo para te ouvir. É diferente do corpo a corpo. Quando você está entregando papel, um ou outro para e ouve sua proposta. Mas a gente faz corpo a corpo também e mais comícios domésticos, de jantar, ou as pessoas montam reuniões nas casas delas e convidam a gente para ir.

Independentemente das estratégias utilizadas, o principal objetivo das candidatas, ao desenvolver as suas atividades de campanha, é garantir para elas a intenção do voto. Afinal, este é o objetivo de uma disputa eleitoral: ter o maior número de votos possível. Visando atrair o apoio dos eleitores, ter propostas – e, principalmente, comunicá-las, de várias formas e em repetidos momentos – é considerado de suma importância.

Mônica Pontes foi uma jovem revolucionária e cheia de ideias. Tanto que, logo ao sair da faculdade, candidatou-se a vereadora pela primeira vez na vida, aos 24 anos. Não foi eleita, mas gostou da experiência, que a aproximou da política nos anos subsequentes. Mesmo assim, foram necessárias duas décadas para que ela tentasse novamente uma vaga na Câmara Municipal da sua cidade. Sua agenda de campanha estava voltada para a educação – uma vez que chegou a ser secretária da pasta no município – e para as comunidades rurais. Vivendo em uma cidade pequena do interior de Minas Gerais, ela sabia que seria necessário, se quisesse convencer o seu eleitorado, divulgar as suas propostas por todos os caminhos possíveis.

> Eu fui de casa em casa, principalmente na zona rural, falando das minhas propostas. Aqui na sede do município também, eu fiz isso. É claro que a gente, às vezes, deparava com alguém da família que não estava em casa. Eu deixava a minha proposta. Eu fiz muitas redes sociais para poder divulgar as minhas propostas. É Facebook, Instagram, e grupos do WhatsApp. [...] Ligação também, às vezes ligo para as pessoas. [...] Tem os apoiadores também. Eu também tenho os apoiadores que estão trabalhando para mim, boca a boca, nas redes sociais, então a gente tem uma parceria grande aí.

Para além de pedirem votos para si mesmas, muitas candidatas também utilizam o momento da campanha para exercer o papel de *broker* – isto é, para promover e assegurar votos para candidatos disputando vagas para outros cargos. Essa prática, muito comum no Brasil e em diversas outras democracias, faz com que candidatos pleiteando cargos mais altos consigam multiplicar sua presença (indireta) no nível local, ao mesmo passo que permite que candidatos concorrendo a cargos mais baixos – como os de vereador e deputado estadual – ganhem em reputação por se associarem a candidatos mais conhecidos (Avelino, Biderman & Barone, 2012; Koster & Eiró, 2022).

Eduarda Tanaka fez boa parte da sua campanha em 2022 alinhada a essa perspectiva. Especificamente neste ano, candidatos que se associaram a um dos dois nomes mais fortes que disputavam a corrida presidencial conseguiram atrair mais a atenção do eleitorado. Essa relação tanto ajudava nos votos para a presidência quanto aumentava o apoio que angariavam junto ao seu próprio eleitorado. Assim, Eduarda Tanaka trabalhou não somente para se eleger deputada estadual, mas também empenhou esforços em nome dos seus candidatos para governador e presidente.

> Eu [estou] todos os dias nas ruas conversando com a população que [es]tá andando pelas ruas, falando sobre a importância de a gente eleger Lula no primeiro turno. E colocar Freixo, no caso, aqui, [para] governador do Rio. E da importância de votar num senador. Que muita gente não sabe a diferença de um senador pra um deputado. Eu tenho explicado isso nas ruas também. [...] Obviamente, colocar uma professora na Alerj. Me apresentando como candidata.

Algumas candidatas também veem o momento da campanha como oportuno para exercer o papel cívico de dar mais informações sobre as eleições em si. Ou seja, pedem apoio, assim como usam as atividades para informar o eleitor a respeito de diversos aspectos do funcionamento da política institucional – desde os procedimentos no dia da eleição até a diferença de papel entre o deputado estadual e o federal, por exemplo. Como os estudos acadêmicos demonstram, esse tipo de exercício é importante para ajudar os eleitores a tomar decisões, principalmente aqueles que têm menores níveis de informação (Arceneaux, 2006).

Iolanda sabia de todas as dificuldades quando decidiu se candidatar a deputada federal em 2022: apesar de estar com 31 anos, ela vinha de dez anos de militância em um partido de esquerda no Rio Grande do Sul e uma campanha para vereadora em 2020 com muitos votos, na qual não foi eleita porque o partido não fez o quociente. Com uma trajetória partidária muito sólida, não tinha como Iolanda ver sua campanha eleitoral somente como um momento de pedir voto. A preocupação com a formação política da sociedade faz parte do seu DNA de participação.

> A gente também tem um compromisso pedagógico durante a campanha, então, também é um diferencial quando a gente tira como uma tarefa militante, a gente vai desde ter que ensinar como vota. As pessoas, elas não sabem. "Ah, esse ano [são] cinco pessoas, primeiro deputado federal, depois...". Desde isso, até explicar o porquê que a gente não dá dinheiro para as pessoas votarem na gente.

O copo meio cheio

Campanhas são períodos caóticos e cansativos – e o resultado nem sempre é o que as candidatas esperavam. Retrospectivamente, pode ser difícil identificar o lado positivo desse processo. No entanto, entender quais são os fatores que favorecem as candidatas nas suas campanhas é importante se o objetivo final é saber o que pode contribuir para que elas vençam as eleições.

Uma parcela bem pequena das nossas entrevistadas já tinha sido eleita anteriormente. O fator principal que essas poucas salientaram como as tendo favorecido durante a campanha foi justamente a incumbência – ou seja, o fato de já ocuparem um cargo. Por já terem acesso a recursos públicos que podem utilizar a seu favor durante a campanha e terem demonstrado ao eleitor sua capacidade de ganhar, os incumbentes costumam ter vantagem eleitoral sobre os novatos (Boas & Hidalgo, 2011; Magalhaes, 2015). Em Pernambuco, Dina Salgueiro teve bastante facilidade quando tentou a reeleição. A incumbência a ajudou muito na campanha.

> É uma campanha leve, fácil, porque quando você entrega o papel, [a pessoa fala]: "Eu lembro, ela foi candidata, ela tirou o primeiro

lugar". As pessoas gostam muito dessa coisa do voto que ganhou. [...] Então, eu acho que o fato de ser conhecida já facilita.

As experiências de campanhas em eleições pregressas, mesmo quando trabalhando para eleger outra pessoa, também são vistas como um ponto a favor. Integrar a campanha de outros candidatos para ganhar experiência antes de lançar a própria candidatura é um caminho que os partidos políticos tendem a incentivar (Hoyler e Marques, 2023). Allana Davis foi uma das candidatas que trabalhou com política anteriormente, o que a fez sentir que saía de um patamar com mais informação.

> O que mais me favoreceu foi a minha experiência de campanha [apoiando outra candidata]. Acho que eu tive o *timing* certo de sair do meu trabalho, contratar pessoas com antecedência, saber onde aplicar recursos, saber como pedir recurso, isso tudo porque eu vivi de perto uma outra campanha. [...] Então, eu estou bem satisfeita, assim, com o trabalho que eu estou fazendo. Acho que foi bem feito.

Outros aspectos são também valorizados como positivos e relevantes para uma boa campanha. Assim, para as candidatas, a ligação com as suas respectivas comunidades e a trajetórias de serviço são fontes de capital eleitoral. Ter uma presença ativa no seu entorno, seja em projetos sociais, ativismo político ou envolvimento em questões locais, de acordo com elas, pode aumentar a aceitação e a confiança dos eleitores (Szwarcberg, 2012).

Lore de Austin é presidente da associação comunitária de um assentamento no Mato Grosso, com uma vaga de servidora pública. Como a sua comunidade fica a 65 quilômetros de distância da sede do município, em inúmeras ocasiões, é ela quem tem que resolver os problemas dos moradores. Foi exatamente essa ação política do dia a dia que a aproximou da perspectiva de ser vereadora e a capacitou para disputar uma vaga. Como ela conta:

> O fato de que eu moro aqui há 21 anos e também de ter sempre participado, fazendo coisas para as pessoas. Aqui no sítio as pessoas falam de maneira diferente, o pessoal fala aqui que eu sou mil e uma utilidades. Então, como eu trabalhei de agente comunitária de saúde durante 12 anos, conheço as pessoas bem, conheço quase todo mundo, então, todo mundo que precisa de mim, dentro do que eu posso ajudar, eu sempre ajudei. Isso está facilitando minha campanha. Eu não estou fazendo minha campanha hoje, minha campanha já está sendo feita há muito tempo.

Foram muitas as vivências individuais que as capacitaram, entretanto, é importante destacar que há também algumas poucas candidatas que mencionaram como aspectos partidários as ajudaram nessa jornada. Enquanto a maioria relata uma relação complicada com os seus respectivos partidos, como vimos no último capítulo, uma minoria chama a atenção para a importância do apoio partidário nas campanhas. A candidata Noraide Martini, por exemplo, teve uma campanha calcada na sua história com o partido, tanto que o apoio do seu candidato a prefeito foi considerado fundamental. Como mostramos na pesquisa que desenvolvemos para o Instituto Update, os eleitores tendem a perceber o apoio de lideranças políticas estabelecidas como uma sinalização de que um candidato tem grandes chances de vencer (Gatto, Thomé & Russo, 2021).

Por aquilo que sinalizam para o eleitorado, os partidos também podem ajudar os candidatos nas disputas. Isto é, dado que são muitos os candidatos concorrendo a uma vaga, os partidos aos quais os candidatos estão associados geralmente ajudam o eleitor a identificar qual é o posicionamento ideológico de um postulante específico e o que esperar dele caso venha a vencer as eleições. Desse modo, eleitores tendem a utilizar o posicionamento ideológico dos partidos, bem como as reputações dos seus representantes eleitos, como um "atalho" para avaliar os candidatos. No entanto, em um contexto no qual o eleitorado costuma estar insatisfeito com os seus governantes – como é o caso do Brasil –, há uma chance de a lógica se inverter, e ser filiada a um partido pouco conhecido pode acabar diminuindo possíveis passivos e ajudar uma candidatura (Feierherd, 2020). Larissa Ramos, uma candidata de Goiás com bastante energia para disputar até que consiga o seu lugar ao sol, relata que, para além de não ter uma reputação manchada, o partido "desconhecido" pelo qual lançou a sua candidatura a ajudou a se distanciar da disputa presidencial polarizada.

> Outro dado que, *a priori*, parecia prejudicial mas que acabou sendo positivo foi a escolha partidária. Aqui ninguém conhece [o meu partido]. Para o grosso do eleitorado, esse eleitorado de rua, eu falo do meu partido e eles falam: "Me dá o seu santinho porque é um partido novo, eu nunca vi corrupção nem nada desse partido, eu vou pegar o seu santinho". É um partido pequeno, é um partido desconhecido, e isso tem favorecido. Tem feito com que a gente consiga acessar inclusive aquele eleitorado que votou no Bolsonaro em 2018, mas que votou naquela ideia de "Quero o menos pior", "Estou cansado do PT" etc. [...] Hoje, se eu tivesse, por exemplo, chegado com os santinhos do partido A ou B, eu teria uma resistência enorme.

Por fim, há os fatores contextuais, os quais são percebidos como positivos para as candidaturas. Um deles é justamente a baixa confiança do eleitorado nos partidos e nos representantes eleitos, o que lhes dá a sensação de que existe um terreno fértil impulsionando a demanda por renovação. Renovação que pode ser representada justamente por elas: candidatas novatas. Ou seja, tem-se a perspectiva de que a imagem de renovação política e de independência partidária pode atrair eleitores desencantados com a política tradicional e em busca de novas lideranças e abordagens. A visão de Doutora Dionísia Mendes, que concorreu pelo Solidariedade, em Goiás, é de que esse foi o grande ponto que a favoreceu na campanha

> Eu acho que a vontade que as pessoas têm de mudar. Então, se tem muita gente querendo mudança, as pessoas que estão iniciando, que não têm história na política ainda, têm uma chance maior. E eu me considero nesse meio.

Mesma percepção teve Luciana Malta na candidatura a vereadora em São Gonçalo. Para ela, a juventude foi um dos fatores determinantes para que o eleitorado gostasse de sua campanha.

> Algumas pessoas ficam muito animadas pelo fato de eu ser uma pessoa jovem, e acreditam que eu não me misturei com o que tem de mais nocivo na política. As pessoas respondem de forma muito positiva o fato de eu ser jovem e ter o discurso muito jovem.

Algumas candidatas também perceberam que a demanda por renovação estava se combinando com agendas de representação que ganharam um novo fôlego, pela maior popularidade do feminismo e da pauta antirracista. Essa combinação poderia favorecer as candidaturas de mulheres, principalmente as negras e indígenas. Ou seja, havia a sensação de que, nas últimas eleições (2018, 2020 e 2022), o eleitorado estava particularmente propenso a votar pela maior representatividade.

Não à toa, entre as muitas candidatas cujas histórias são contadas neste livro, esse é um ponto bastante presente. Vindas da militância nos movimentos negro e de mulheres, elas entendem como a pauta se tornou mais popular neste momento da história política do Brasil, o que abre uma janela de oportunidade para a explorarem. Ana

Carla Kelly, por exemplo, tinha exatamente esta como sua principal agenda na disputa por uma vaga de deputada estadual, pelo PT, em um estado da Região Norte. Logo, a questão da representatividade a favoreceu.

> Por ser uma candidatura de mulher preta, que tem uma candidatura identitária. E acho que as pessoas estão querendo representatividade hoje, sabe? Então, essa pauta, ela está muito em voga, essa questão de candidaturas antirracista, feminista.

Os estudos que realizamos para o Instituto Update nas eleições de 2020 e 2022 indicam que essa perspectiva, de fato, tem embasamento empírico. Por meio de pesquisas de opinião pública conduzidas no âmbito nacional e grupos focais com eleitores, demonstramos que o eleitorado almeja maior diversidade na política, principalmente a presença de mulheres – vistas por muitos como aquelas que poderiam trazer atributos "femininos" positivos para a política, como maior honestidade e cuidado com o coletivo (Gatto, Thomé & Russo, 2021).

O copo meio vazio

Se diversos fatores as favorecem em uma campanha, não são poucas as dificuldades que passam nesse período. Como já vimos, um dos obstáculos enfrentados de forma frequente, por grande parte das entrevistadas, foi o acesso limitado a recursos – o que Policial Francisca chegou a chamar de "sufocamento financeiro".

Diversos estudos mostram uma forte associação entre gastos de campanha e sucesso eleitoral (Jacobson, 2015). No contexto brasileiro, tais dispêndios podem tornar candidatos novatos tão competitivos quanto os incumbentes (Gerber, 2004; Samuels, 2001). No entanto, candidatos mais experientes tendem a ter acesso a mais recursos (Araújo, Silotto & Cunha, 2015). Isso também se aplica às candidatas mulheres, cuja baixa representação está associada a valores menores de repasses para campanhas (Sacchet & Speck, 2012; Speck & Mancuso, 2014). O dia a dia das campanhas acaba sendo bastante prejudicado pelo pouco acesso das candidatas aos recursos. Regina Salvalagio, por exemplo, teve que lidar com a falta de verbas, o que a impediu de ter um time de pessoas pagas para ajudá-la a panfletar. Resultado: toda a família teve que somar esforços nas atividades da sua campanha eleitoral.

> Eu faço panfletagem... Como a gente não tem muito dinheiro, é tudo de doação e tal. Agora, nessa última semana, a gente conseguiu contratar umas panfleteiras, mas eu tenho panfletado bastante em família. Eu falo: "Levo o cachorro, minhas filhas, marido e vamos embora panfletar". [...] E a minha filha, coitada, este sábado aí, ela ficou o dia inteiro panfletando comigo. À noitinha tinha um *happy hour*, e ela quis ir junto. Eu falei: "Então vamos. Vamos cedo. Volto cedo". Daí, depois ela falou que de noite ela sonhou [com isso].

A falta de recursos não é apenas financeira, mas também de capital humano – o que acarreta uma sobrecarga de trabalho para as candidatas, que acabam tendo de exercer múltiplas funções. Ceci Santana, por exemplo, teve muita dificuldade para organizar e agendar as atividades de campanha, como comícios e panfletagens, já que não tinha um time para ajudá-la com essas atividades (nem a verba suficiente que a possibilitaria contratar essas pessoas). Dada a falta de recursos para um grupo de profissionais, grande parte das candidatas contou com a dedicação de voluntários. No caso de Mila Morelli, ela teve até que providenciar lugar para que eles dormissem. Sem ter como pagar os voluntários, durante o período da campanha, quatro deles ficaram hospedados na sua casa. Com enorme boa vontade, mas sem treinamento ou experiência nas atividades políticas, os voluntários, muitas vezes, não conseguem auxiliar a campanha devidamente. Em São Gonçalo, Luciana Abdala gastou um tempo enorme com essa função.

> Ontem mesmo eu estava muito preocupada com isso, porque um amigo até mandou um aviso para mim, que o povo não tem muita ideia disso de legislação eleitoral, então, pegaram esses adesivos grandes e saíram colocando em tudo que é lugar, e não pode. Tem que ver bem, ainda mais se for uma área mais particular, tem que pedir autorização, aí tem gente que estava botando em postes, aí eu falei: "Jesus...". Então, tem essas particularidades de informar o povo e tal, o povo que quer ajudar, graças a Deus apareceu voluntário que quis ajudar, enfim...

Luciana Malta penou foi com a falta de tempo. Isso porque os partidos deixam para entregar documentos imprescindíveis para a campanha, como o CNPJ para a abertura de conta, muito em cima do prazo. Também perdeu tempo útil de campanha resolvendo uma série de problemas burocráticos, como com idas ao banco.

As questões pessoais, como aquelas relacionadas à própria demanda física de uma campanha, terminam por prejudicar bastante o desempenho. Por exemplo, entendendo que não teria a possibilidade de se dedicar exclusivamente à campanha pelos quase 50 dias permitidos, Amanda Silva, que tentava uma vaga para deputada estadual no Rio Grande do Norte, decidiu começar suas atividades depois de já passado um mês, faltando apenas 20 dias para as eleições: "A gente começa quando a gente pode". No Tocantins, Erminda sentiu a campanha para deputada estadual impactar diretamente o seu bem-estar físico:

> A gente fez muita campanha de rua. Eu subi num carro de som e rodei a minha cidade. [Estou] com os braços, aqui, tudo queimado.

Rosto queimado. Porque aqui é uma cidade de 40 graus na sombra. E eu respeitei a legislação eleitoral de não jogar carro de som na rua, mas eu mesma falando.

Em uma campanha, os obstáculos podem ser vários: falta dinheiro, falta saúde, falta tempo. Sendo este último, no desenvolvimento das atividades, um dos bens mais escassos. Na prática, é necessária uma gincana para conciliar as demandas da campanha com as responsabilidades que as candidatas têm com as tarefas de cuidado, tanto com filhos quanto com pais idosos. A dupla jornada costuma acometer desproporcionalmente as mulheres. Exercer o papel de mãe e cuidadora tende a impactar negativamente as oportunidades das mulheres de participar na política eleitoral (Álvares, 2011; Biroli, 2018). Além de restringir o tempo que as mulheres conseguem dedicar às atividades de campanha, as responsabilidades de cuidado também podem gerar uma sensação de culpa naquelas que escolhem se candidatar. Eduarda Tanaka até saiu vitoriosa da campanha, mas tudo isso teve um custo.

Eu sou candidata, mas eu não deixei de ser mãe. Eu acho que essa é a principal dificuldade pessoal minha. Porque, por exemplo, eu [estou] fazendo campanha às vezes com filho doente. Com filho com febre. Meu filho está apresentando vários problemas de saúde, com espasmos na mão. [...] Nem sempre eu [estou] em casa pra fazer esse acompanhamento. Eu [estou] com a maior crise de consciência. Eu fico na rua, toda hora ligando, perguntando se já comeu. Aí, ontem eu deixei... Aí, ontem eu cheguei em casa tarde, mas eu já deixei um prato pra quando ele chegasse hoje e ter comida, que eu não consegui almoçar em casa. Então, essa é uma preocupação. São três filhos artistas. Eu não pude acompanhar a apresentação deles. [...] Meu pai e minha mãe estão muito idosos. Minha mãe está com muito problema de saúde. Então é isso.

Como lembramos no início do capítulo, mais que se culpabilizarem por pressões sociais, muitas candidatas terminam mesmo sendo cobradas pelos eleitores por estarem, supostamente, se dedicando à campanha, e não aos seus filhos. Esse foi o caso de Flaviane Pinho, que disputava uma vaga à prefeitura de uma cidade do interior do Pará, a três horas de distância de Belém.

> A gente é sempre cobrada por conta da questão da família. Eu tenho uma filha, jovem, ela está morando na capital, está sozinha. A mãe sempre fica preocupada porque está na política. Ninguém cobra isso de um candidato homem. À mulher, isso é muito cobrado: "Ah, enquanto ela está na política, ela largou a filha só". Então, são essas dificuldades, mas a gente tem um propósito maior, a gente supera.

A diversidade geográfica, climática e de infraestrutura ao redor do país impõe obstáculos adicionais a algumas candidatas. A mesma Flaviane viveu esse desafio também, uma vez que o território em que buscava votos, composto por ilhas e locais remotos, aumentou o custo de campanha e impôs um maior nível de complexidade logística às suas atividades. No caso de Dina Salgueiro, em Pernambuco, foram as chuvas fortes durante o período de eleição que impactaram não somente o corpo a corpo, mas também as atividades on-line: "Eu sabia que quando chegasse a campanha e chegasse a chuva... Começou a chover aqui, acaba a energia, acaba a internet. Então, eu não ia conseguir fazer muita coisa on-line."

Apesar de o enorme território nacional apresentar condições de campanha bastante diversas, uma preocupação recorrente das candidatas disputando cargos de Norte a Sul do país e em municípios grandes e pequenos é a dinâmica da compra de votos. Geralmente, a compra de votos constitui uma troca entre o eleitor e um candidato (ou representante do candidato) na qual o eleitor se compromete a apoiar esse candidato — na urna, mas, também muitas vezes, em eventos públicos de campanha, como carreatas — e, em troca, recebe dinheiro, bens materiais, acesso privilegiado a serviços públicos ou vagas de emprego. As candidatas apontam que uma dificuldade da dinâmica da compra de votos é que, além de candidatos que compram votos competirem de forma desigual, o eleitor também passa a esperar que todo candidato compre votos.

Como a literatura acadêmica mostra, os eleitores não são atores passivos dessa prática, já que passam a demandar que os candidatos lhes prestem favores pessoais (Auerbach e Thachil, 2018; Nichter & Peress, 2017). Para a maioria das candidatas novatas, além do problema legal, isso dificulta sua atuação na campanha, uma vez que não querem ou não têm recursos financeiros e capital político suficiente para participar desse tipo de dinâmica. Iolanda viveu isso na pele, durante a campanha para deputada federal pelo Psol, no Rio Grande do Sul. Para ela, foi uma das maiores dificuldades.

> Fazer a política de não compra de votos, eu acho que isso é um desafio bem grande, porque é trabalhar corretamente dentro de uma máquina que talvez trabalhe por outras regras que não as mesmas que a nossa. Então, por exemplo, aqui na minha cidade, um dos candidatos estaria concorrendo diretamente comigo. Além de ter toda a máquina, porque a atual gestão é do partido dele, então ele também tem isso.

Finalmente, o contexto da polarização ideológica, que vigorou tanto nas eleições de 2020 quanto nas de 2022, também parece ter sido um obstáculo para as candidatas de todo o país e de todos os espectros ideológicos. Muitas entrevistadas declararam que os eleitores não estavam dispostos a conhecer as suas propostas, queriam saber de "que lado" estavam. Assim, Iolanda também sofreu com a forma violenta com que os eleitores do presidenciável adversário a abordaram na rua, ao mesmo tempo que eleitores do seu campo ideológico

> chegam a baixar o tom de voz para falar com a gente. Galera está com medo. Baixar o tom de voz para dizer: “Não, esse aqui é meu presidente, eu vou contigo”. Tipo, a gente percebe que eles baixam o tom de voz, que eles chegam mais perto, que eles dobram rapidinho o material. Acontece muito isso, muito!

Os eleitores não são os únicos com medo da violência que pode eclodir durante o período eleitoral. Mas, sendo esse um obstáculo mencionado por tantas candidatas, dedicamos um capítulo inteiro justamente para tratar do tema.

6

Retratos da violência

Com as restrições da pandemia de Covid-19, a campanha eleitoral de 2020 trouxe uma novidade: o corpo a corpo cedeu lugar aos encontros virtuais, e a campanha das candidatas foi, em boa parte, realizada on-line. Sem poder ter contato direto com o eleitorado, muitas realizaram *lives*, bem como intensificaram sua presença nas redes sociais. Mas algo que elas já experimentavam na vida real acabou se transpondo também para a vida virtual – e de forma ainda mais intensa: os ataques que as candidatas receberam se multiplicaram, e a violência política deu o tom de parte dos debates de campanha.

Nesse assunto, dois nomes ficaram em evidência em 2020, sendo o alvo escolhido da maioria dos ataques virtuais: Joice Hasselmann, candidata à prefeitura de São Paulo pelo PSL, e Manuela D'Ávila, candidata à prefeitura de Porto Alegre pelo PCdoB. Apesar de concorrerem ambas ao cargo de prefeita, terem idades semelhantes e terem ocupado vagas na Câmara dos Deputados, suas trajetórias políticas são muito diferentes.

Joice Hasselmann trabalhava como jornalista quando passou a ser uma das principais líderes do movimento que pedia o impeachment de Dilma Rousseff e condenava o Partido dos Trabalhadores. Na esteira desses eventos, em 2018, foi eleita em sua primeira tentativa de campanha. Foi a deputada federal mais votada do estado de São Paulo, arregimentando mais de 1 milhão de votos. Prometia ser um "Bolsonaro de saias", tanto que rapidamente ganhou o importante cargo de líder do governo da Câmara. Em 2020, com base na imensa votação de dois anos antes, tentava ocupar a cadeira de prefeita da cidade mais populosa do Brasil.

Manuela D'Ávila, por sua vez, vinha do movimento estudantil e já tinha participado de várias instâncias da política institucional: um mandato de vereadora, dois de deputada federal, um de deputada estadual e até mesmo uma campanha de vice-presidente, com Fernando Haddad, em 2018, que chegou ao segundo turno. Sua carreira política, bem sólida, deu a ela um nome próprio, que não pressupunha um padrinho. Manuela D'Ávila também optou por concorrer à prefeitura, mas em Porto Alegre, sua cidade natal.

Nas disputas para a prefeitura em 2020, Joice Hasselmann terminou em sétimo; Manuela D'Ávila foi mais longe e chegou ao segundo turno. No entanto, ambas experimentaram – de perto e intensamente – algo em comum nesta que foi a campanha das redes sociais: foram as candidatas que mais sofreram com a violência política virtual, concentrando boa parte dos ataques on-line.

Um levantamento feito pelo MonitorA, projeto em conjunto da revista *AzMina* com o InternetLab, coletou 93.335 tuítes em um mês de campanha, os quais mencionavam 123 candidatas em vários estados. O resultado foi que 11% dos tuítes continham agressões. Xingamentos como "porca", "vaca", "vagabunda" apareciam nas postagens. Sem falar nas ameaças, com ofensas sexuais e físicas. Como diz a pesquisa, "além de serem atacadas por serem mulheres, a violência política direcionada à mulher é sexista em seus xingamentos e no contexto em que esses ataques são feitos" (Santana, 2020).

Na campanha de 2022, já afastada de Jair Bolsonaro e filiada ao PSDB, Joice Hasselmann tentou se reeleger deputada federal, porém, em vez dos 1.078.666 votos, conseguiu apenas 13.679. Nesse mesmo ano, depois de sofrer uma série de ataques, ameaças e ofensas bem para além do mundo virtual, Manuela D'Ávila informou que não iria concorrer naquela eleição, passando a dedicar seu tempo aos livros.

Joice Hasselmann e Manuela D'Ávila, em pontos diferentes do espectro ideológico e, portanto, sendo provavelmente ofendidas e ameaçadas por pessoas de esquerda e de direita, foram vítimas do que hoje se categoriza como Violência Política de Gênero (VPG) – ou, em inglês, Violence Against Women in Politics (VAWIP) –, conceito estabelecido há bem pouco tempo (Krook & Restrepo Sanín, 2016), para classificar os ataques que mulheres sofrem no seu fazer político. Essa violência muitas vezes ultrapassa os limites das palavras e das redes sociais e se torna presencial e física. Em vários casos, acompanha a vida das mulheres da política desde a candidatura, se mantendo mesmo uma vez eleitas.

Muitas são as formas de violência, como falaremos ao longo deste capítulo em que vários casos são relatados. Nem sempre eles aparecem nos jornais ou nas mídias sociais, mas trata-se de ameaças, xingamentos virtuais, violações. Esse é mais um desafio com o qual as candidatas devem lidar em suas campanhas, não fosse suficiente tudo aquilo que enfrentam. Assim, a VPG será o tema deste capítulo. Nele, traremos das histórias que as candidatas contam – os formatos mais constantes, os grupos mais ameaçados e como têm lidado com o tema. Além disso, mostraremos como a Justiça e a legislação brasileira vêm tentando dar conta desse problema.

Afinal, o que é a violência política de gênero?

Precisamos começar fazendo uma ponderação: se a política neste país é dominada pelos homens, não é de estranhar que as maiores vítimas de violências mais graves no Brasil sejam eles. O Observatório da Violência Política e Eleitoral no Brasil mapeia os casos de violência física – especificamente agressões, ameaças, atentados, homicídios e sequestros – ocorridos com lideranças políticas (incluindo candidatos, pessoas eleitas ou que trabalham para partidos).

De acordo com esse levantamento, nos trimestres em que aconteceram as campanhas de 2020 (o quarto trimestre) e 2022 (o terceiro trimestre), respectivamente, 82,1% e 76,9% dos casos de violência política ocorreram com homens. É importante, porém, ressaltar que as mulheres, no início da série (primeiro trimestre de 2020), equivaliam somente a 3,4% dos casos, e, na campanha de 2022, já chegavam a 23% dos exemplos listados (Borba et al., 2020, 2022).

De acordo com um levantamento do jornal *O Estado de S. Paulo* de 2020, 75% das candidatas à prefeitura das capitais brasileiras afirmaram ter sofrido algum tipo de violência política de gênero, sendo que 46,7% disseram sofrer ataques com frequência. Foram 49, entre as 50 respondentes, as que mencionaram ter sofrido violência psicológica. Já uma pesquisa realizada pelo Instituto Marielle Franco identificou que, entre 142 candidatas negras que disputaram eleições em 2020 e responderam a um questionário, 78,1% relataram ter sofrido algum tipo de violência virtual, a violência mais mencionada; 62% sofreram violência moral ou psicológica; 55%, violência institucional; 44%, violência racial; 42%, violência física; 32%, violência sexual e 28%, violência LGBTQIA+ (Gomes, 2021).

Krook e Restrepo Sanín (2016), a partir da pesquisa realizada em países latino-americanos, categorizam a VPG como agressões perpetradas por diferentes atores como forma de resistir à entrada ou permanência das mulheres na política. As autoras classificam em quatro categorias os tipos de VPG: 1) violência física; 2) violência psicológica; 3) violência econômica; 4) violência simbólica. De acordo com sua definição, a violência física está relacionada à integridade física da mulher que a sofre; a segunda categoria, de violência psicológica, diz respeito às ameaças que aqueles atos infligem sobre o bem-estar emocional. A categoria de violência econômica, para VPG, refere-se à violência que limita o acesso das mulheres a recursos econômicos que estão disponíveis para os homens (falaremos muito sobre ela ao longo deste capítulo). Por fim, a violência simbólica opera quanto à representação, procurando criar barreiras às mulheres em cargos políticos, ao deslegitimar sua presença nesses espaços, utilizando um viés machista para questionar sua competência na esfera política.

Em esforço semelhante, uma cartilha do Núcleo de Estudos e Pesquisas sobre a Mulher (Nepem), da Universidade Federal de Minas Gerais (UFMG), com foco nas candidatas, descreve cinco categorias para a violência política de gênero ("Violência política contra as mulheres", 2021). De acordo com as pesquisadoras do Núcleo, coordenado pela professora Marlise Matos, ela pode ser física, sexual, psicológica e moral, simbólica e econômica. A primeira é bem semelhante à descrição feita por Krook e Restrepo Sanín (2016), ainda que seja dividida em duas categorias: física e sexual. A que reúne psicológica e moral se refere tanto às violências que são cometidas por meio de ameaça psicológica quanto aos casos de calúnia, injúria e difamação; a simbólica fala sobretudo das agressões realizadas por meio das redes sociais, por exemplo, *fake news* espalhadas sobre uma determinada candidata; por fim, a violência econômica também se assemelha à definição de Krook e Restrepo Sanín.

A ONU Mulheres trabalha com três categorias: violência psicológica, em que se podem incluir também as ameaças de restrição econômica por parte dos agentes com poder para tal; violência sexual e violência física. Nesse mesmo esforço de conceitualização, a ONU Mulheres estabelece categorias para o momento em que a violência está sendo cometida: antes de se candidatar, durante a campanha e uma vez que a mulher esteja no cargo. Além disso, tentam categorizar os possíveis responsáveis, separando-os entre atores políticos (pessoas do partido, outros candidatos, equipes de campanha); atores sociais (eleitores, integrantes da família) ou atores estatais (instituições governamentais, policiais, funcionários públicos) (Bardall & Borovsky, 2020).

Outras autoras fazem algumas críticas sobre como essas categorizações são feitas. Piscopo (2016), por exemplo, argumenta que, em ambientes tão violentos como a política na América Latina, é preciso entender melhor onde se encontra o viés de gênero da violência política – ou seja, para a autora, não basta contabilizar o número de mulheres na política que são vítimas de violência, mas é preciso entender se essa violência impacta as mulheres na política por serem mulheres.

Em um estudo de 2016, a cientista política chama a atenção para o risco de que a violência política de gênero seja nada mais nada menos que a violência política experimentada por todos; ou que seja violência de gênero, que atinge mulheres de forma intensa na região. Aprofundando o tema, com Bardall e Bjarnegård, em 2020, ela sugere um esquema que tenta resolver a questão, preferindo se referir ao fenômeno como "violência política com viés de gênero". Para chegar a sua classificação, as autoras separam as motivações para a violência, as formas dos atos e os seus impactos. Se, em alguma dessas etapas, ser mulher é uma condição que caracteriza a violência, trata-se de "violência política com viés de gênero". Do contrário, não. "Identificar o que existe de gênero na violência política depende da comparação entre mulheres e homens, uma vez que o gênero geralmente aparece nas diferenças entre o que os homens e as mulheres vivenciam" (Bardall, Bjarnegård & Piscopo, 2020:918).

Por exemplo, se considerarmos ataques virtuais a candidatas por disseminação de *fake news* ao longo da campanha, é preciso analisar: homens também sofrem esses ataques e por quem? As ofensas feitas a elas e a eles se assemelham? Qual o impacto na campanha de homens e na de mulheres? Essas são perguntas válidas se queremos melhor classificar a violência política e seu viés de gênero.

Como vocês podem notar, não é fácil estabelecer categorias ou certezas quando se trata do tema, pois existem ainda perspectivas acadêmicas bem divergentes. Mas fato é que o assunto já se tornou proeminente na vida das candidatas, sendo a grande preocupação e agenda de muitas das mulheres que entram para a política – ou justamente se tornando o principal motivo por que muitas delas não querem entrar para a política. Dessa maneira, "violência política" foi um termo bastante usado por elas nas entrevistas.

Mesmo que consideremos que ainda é preciso muito debate para chegarmos ao que pode ser a melhor forma de analisar e a melhor tipologia para os diferentes casos de VPG, neste capítulo utilizamos a classificação elaborada por Krook e Restrepo Sanín (2016), que classifica quatro tipos: 1) violência física, 2) violência psicológica, 3) violência econômica e 4) violência simbólica. Em larga medida, essas categorias se afinam bastante com as narrativas das candidatas que disputaram as eleições em 2020 e 2022, já que a maioria delas relata ter sofrido algum tipo de violência.

Violência física

A violência física – que pode ser uma ameaça ou concretizada – é a mais visível das violências justamente porque ataca os corpos e, em determinados casos, compromete até a sobrevivência das mulheres candidatas. Em alguns países, como a Bolívia, o risco de violência física era tanto que foi preciso criar leis para proteger as mulheres e garantir sua participação política (Restrepo Sanín, 2018). No caso do Brasil, os casos e relatos são mais escassos, sobretudo relacionados a mulheres que já têm poder, principalmente aquelas que já foram eleitas e têm uma cadeira, como foi o caso de Joice Hasselmann e Manuela D'Ávila em suas campanhas. No livro *Revolução Laura*, Manuela D'Ávila conta que as ameaças não foram só a ela, mas se estenderam a sua família, inclusive a sua filha de três anos na época (D'Ávila, 2019).

Mas também para muitas que estão disputando uma candidatura pela primeira vez, a violência física é uma realidade. Em geral, de acordo com os relatos, esse tipo de violência costuma ser perpetrado por atores que não os colegas ou lideranças de seus partidos (diferentemente dos demais tipos de violência), e tem o objetivo de intimidá-las a participar da vida pública, ou até mesmo de impedir as suas candidaturas.

As maiores ameaças a Dina Salgueiro chegaram por e-mail. Ela se preparava para realizar uma campanha para deputada estadual em Pernambuco, com enorme apoio do seu partido de esquerda, quando a ameaça de morte chegou à sua caixa de e-mail.

> As violências mais expressivas são as ameaças de morte. Um pouquinho antes da campanha, eu recebi um e-mail [...] com frases do tipo militar, uma linguagem bem militarista, mas dizendo assim: "Ah, vamos terminar com você o que não concluímos com o comunista do seu pai. Dessa vez o serviço será completo".

O pai da candidata havia sido preso e torturado no regime militar, o que causou um enorme trauma na família e, de alguma forma, a levou à política. Mas Dina não se rendeu às ameaças e acabou se elegendo.

Luciana Malta, a candidata à vereança de São Gonçalo cujos pedaços de história vamos narrando em cada capítulo, teve que lidar na rua com um candidato da extrema-direita que tentou não somente intimidá-la na atividade de campanha, como também a outras voluntárias que a acompanhavam no dia.

Para além das experiências pessoais, casos de violência com outras mulheres na política também geram apreensão entre as candidatas. Em especial, a memória da violência sofrida por Marielle Franco – vereadora do Rio de Janeiro assassinada durante o seu mandato, em 2018 – está sempre viva e é mencionada frequentemente, o que as faz ter medo de que a história se repita. Muitas vezes, aparentemente, a intenção é mesmo criar um clima que as afaste da política. Jardely Macedo é uma jovem ativista de Pernambuco. Ela foi candidata a deputada federal em 2022, contando com uma verba relativamente alta, porém pequena para o cargo que disputava. Fazendo campanha na rua, ela acabou enfrentando uma perseguição.

> Foi um grande percurso seguida por um carro preto... [...] era só uma movimentação para assustar a gente mesmo. Quando a gente encostava o carro para ele passar, ele encostava na bunda do carro da gente e voltava. E ele não passava. [...] Aí a gente veio pra casa, e a gente ficou o dia sem saber como fazer, porque ia preocupar as mães dos voluntários, ia preocupar a minha mãe, ia preocupar toda uma gama de pessoas, e sabia o quanto era difícil ficar nesse espaço.

Como resultado, Jardely desmarcou todos os compromissos de campanha que tinha nos dias seguintes, até que ela, sua equipe e os familiares estivessem mais calmos. Esse episódio, portanto, levou Jardely a passar alguns dias sem pedir votos, o que pode ter tido um impacto na sua campanha e na sua votação.

Diante das muitas violências que viveu na campanha e do medo que isso ocasionou, Denise Fortes, em busca de uma vaga de deputada federal, usou a estratégia de passar a estar sempre acompanhada de um advogado. Como sua agenda – a do antiproibicionismo, que advoga pela legalização da maconha, entre outros temas – é bem polêmica, ela tentou evitar riscos maiores. Assim como Dina, também teve que lidar com a violência vinda de quem supostamente deveria protegê-la: a polícia.

> Foi um ano em que a gente lidou com a violência e perseguição da polícia. [...] Nós estávamos panfletando, e a cavalaria da polícia rodeou só o nosso grupo. [...] Quando aconteceu esse episódio com a cavalaria, a gente entendeu que eles sabiam quem a gente era de uma forma muito nítida. Tiveram outros lugares também que a gente per-

cebia que a polícia sabia quem era a gente. Acabamos nos tornando as candidatas da maconha e da prisão, então, as pessoas reconheciam a gente por isso.

Outro exemplo recorrente de violência física são os casos de assédio e violência sexual. Pelos relatos, eles são ainda mais frequentes quando se trata de mulheres negras e de mulheres trans, corpos geralmente sexualizados pela sociedade. Laís Zaneli, candidata a vereadora por um partido de centro-direita, mulher trans, branca, do interior do Paraná, teve que lidar o tempo todo com essa nuvem pairando sobre sua campanha.

> Eu vejo que a maioria das mulheres sofre com isso. É muito assédio sexual. Muito! A mulher trans é muito fetichizada. Então, todo mundo que vem falar, todos os homens que vêm te falar de política, você acaba vendo, está tentando puxar a conversa para o outro lado, aí vem a dificuldade. Como você aborda um homem se você não pode falar de política? Foi minha maior dificuldade, foi conseguir conversar com o eleitor masculino sem ele falar em segundas intenções, sem fazer propostas.

Em muitos momentos, a questão do assédio criou limites para a relação de Laís Zanelli com o seu eleitorado, chegando a fazer com que decidisse não ir a alguns lugares onde deveria estar durante a campanha, o que mostra como o medo de que ocorra um caso de violência já é, em si mesmo, um limitador de campanhas femininas.

Violência psicológica

A violência psicológica é aquela que dá origem a algum trauma, abalando a saúde mental das candidatas. A depressão e a ansiedade são possíveis efeitos. De forma geral, de acordo com alguns estudos, assim como os homens estão mais expostos à violência física não sexual, as mulheres estão mais expostas à violência psicológica e à violência física sexual (Holm, 2020).

Mesmo sendo a liderança local do seu partido – o que lhe garantia algum poder, dinheiro e equipe para fazer campanha –, diante de tamanho estresse, Anna Salomão, candidata no Centro-Oeste, acabou sendo hospitalizada quatro vezes em 2022, ao longo da disputa acirrada por uma vaga de deputada federal. Já com experiência de uma campanha exitosa como vereadora, ela se viu envolvida na dinâmica de polarização, pois apoiava Lula, diferentemente de parte do seu eleitorado evangélico tradicional. Foi bastante cobrada por isso e atacada por seus próprios eleitores. Sua mãe, seu marido e sua equipe também adoeceram ao longo do processo.

> Foi a campanha mais violenta da minha vida. [...] Eu nunca fui tão ofendida, atacada. De repente, essas pessoas me dizendo que eu não sou crente. Ou me dizendo que se arrependem de um dia ter votado em mim e de um dia ter acreditado em mim. É muito brutal. Então, eu ainda estou me recuperando, porque está violento.

A possibilidade dos ataques virtuais deixou as candidatas muito mais vulneráveis. Isso porque, com meia dúzia de palavras e um clique, alguém pode atacá-las diretamente, com ofensas e xingamentos chegando em suas caixas de mensagem pessoais. Isso aumenta o dano psicológico de forma exponencial, tanto que muitas candidatas, como foi o caso de Tabata Amaral nas eleições de 2022, preferem deixar todo o controle de suas redes sociais com terceiros, justamente para que possam filtrar esse tipo de informação. Mas, como sabemos, para que isso seja feito, é preciso ter acesso a recursos e uma equipe suficientemente grande – o que geralmente é possível para as mulheres eleitas, mas não para as novatas.

Questionar comportamentos, preferências e atitudes das mulheres é uma forma constante de violência psicológica. Em diversos contextos, isso é feito reforçando traumas e preconceitos que elas já enfrentam na sua vida cotidiana. Assim como Anna foi questionada por sua fé, Mily Martins, mulher trans, teve que lidar com as críticas à sua voz e à sua aparência física. Já Silvana Ferreira, mulher preta, foi xingada de "capitão do mato". Mesmo sendo duas de um partido de direita e outra de centro-esquerda; uma com uma campanha mais rica; outras, menos, isso não as blindou contra a violência psicológica.

Mily Martins foi candidata a deputada federal por um estado do Centro-Oeste. Ela optou por não levar adiante as ofensas e reduzir o impacto do que considera, sim, uma ameaça ao seu bem-estar psicológico. Mily explica sua estratégia.

> Eu sofri ataques pelas redes tentando desqualificar a minha candidatura a partir da minha identidade de gênero e aparência física. O pessoal falava muito da minha voz, que ela é muito grossa. Eu brincava que a minha voz era de diva da MPB. Talvez o fato de eu ter conseguido lidar com esses ataques de uma forma mais leve tenha sido uma vantagem em relação a outras pessoas trans.

Silvana Ferreira, em um partido de direita, viveu outras experiências além do xingamento, que ocorreu fora do âmbito partidário. Ela também criou estratégias para não se deixar abater durante a campanha, afinal, o abalo pode gerar um custo enorme para além do psicológico: de tempo e dinheiro com todo o processo na Justiça.

> Eu sofri represálias nas redes sociais. São coisas que já vinham desde 2020, mas felizmente a gente vai criando casco. Não tem como judicializar todo desaforo, só quando aparece ameaça de morte. Essa violência psicológica e emocional virou a natureza da nossa política e ditou a eleição. Ela minou todo mundo; uns com mais intensidade e outros com menos. A esquerda veio em peso me dizer que eu jamais

iria vencer e que, se me visse na rua, ia me xingar. Depois da eleição, eu instruí o pessoal que fica nas minhas redes sociais a não responder mais a esses tipos de comentários, porque não vale a pena. Se eu estiver na política, vou ter que me acostumar com esse tipo de situação.

Violência econômica

Krook e Restrepo Sanín (2016) especificam que a violência econômica diz respeito às atitudes que acabam por restringir sistematicamente o acesso das mulheres aos recursos econômicos necessários para o fazer político. A partir da perspectiva teórica do institucionalismo feminista (Mackay & Waylen, 2009), outras autoras não categorizam esse tipo de comportamento partidário como violência, mas como uso estratégico de instituições informais (ou seja, de regras não escritas, mas costumeiras) para proteger quadros que consideram mais importantes – e que são em sua maioria homens (Gatto & Wylie, 2021; Piscopo et al., 2022; Wylie & Dos Santos, 2016). Seja como for classificada, a má distribuição de recursos de campanha prejudica – ou até mesmo impede – as campanhas, a projeção e o sucesso eleitoral das mulheres candidatas.

De fato, entre as 79 candidatas ouvidas nesta pesquisa, a maioria denuncia a falta de acesso a recursos como uma das maiores dificuldades de suas campanhas, e muitas delas percebem isso como violência econômica. Elas evocam o termo e o conceito para descrever como foram negligenciadas por lideranças partidárias na divisão do financiamento público e dos demais recursos, como foram ludibriadas em suas promessas e como isso as abalou durante a campanha. Entre os muitos relatos, sobressaem aqueles em que a violência é vista justamente como a falta de acesso ao dinheiro.

Clenilde Zambrano começou a fazer política no Espírito Santo quando tinha 15 anos. Sua entrada aconteceu pela Pastoral da

Criança, movimento da Igreja Católica, acompanhando sua avó. De lá para os trabalhos e a preocupação com a política pública foi um pulo, e, rapidamente, como mulher preta, aprendeu que, se queria impactar sua comunidade, ela precisava do "poder da caneta". Terminou a faculdade, filiou-se à Rede e, em 2022, com 30 anos, concorreu a uma vaga de deputada federal. Durante a campanha, teve de lidar com o fato de que "outros candidatos com milhões de dinheiro a mais do que eu chegavam na comunidade e compravam esses votos". Presenciando isso, Clenilde Zambrano relata ter sofrido violência econômica perpetrada por seu próprio partido:

> A violência política de gênero estava quando, por exemplo, o partido me ofereceu R$ 300 mil, mas me deu R$ 80 mil. Ela estava lá quando eu ligava para o pessoal do partido e falava: "Cadê o restante do dinheiro? Vai ter a segunda parcela?". [E respondiam:] "Espere só um pouquinho". E esse recurso não entrava. Quando eles diziam, por exemplo: "Você vai ter trio pago por tal e tal dia". E chegava no dia, eu não tinha um trio.

Os partidos têm a liberdade de distribuir os financiamentos públicos para a campanha como acharem mais adequado. Assim, como vimos no capítulo 4, criam critérios que, na maioria das vezes, não beneficiam candidatas sem cargo ou com pouca experiência eleitoral. Para tentar mais uma cartada nessa disputa, as mulheres candidatas têm incorporado o conceito de "violência econômica" para questionar os seus partidos sobre a distribuição dos recursos. Doutora Dionísia Mendes, por exemplo, ao concorrer a uma vaga de deputada estadual pelo Solidariedade, menciona ter ciência da categoria, mesmo hesitando sobre ter sofrido violência política: "Se eu for olhar juridicamente, só o fato de eu não receber verba e de não ter tido reuniões periódicas já é violência. Mas ninguém me desrespeitou ou fez *fake news* comigo".

A perspectiva de Mércia Cardoso, candidata pelo Partido Progressista (PP) é bem parecida e dialoga diretamente com a definição estabelecida pela ciência política:

> Considero uma violência política. Por quê? Quais foram os critérios? Por que a mulher, ela não tem o mesmo direito proporcional de ajuda de custo do partido assim como o homem? [...] Nesse caminho, eu confrontei essa violência. E eu fui ouvida, mas não fui entendida. Ou seja, os argumentos que me apresentaram, "Ah, mas você, é a primeira vez que se candidata. Você não tem chances de ser eleita nas urnas. Você também não é amiga do fulano e do fulano". Então, essa violência política da discriminação da mulher na política me ofendeu.

Com base nas 147 entrevistas que fizemos com candidatas mulheres, poderíamos seguir descrevendo por dezenas de parágrafos como cada uma delas lidou com a questão do financiamento. Também poderíamos falar da forma como se consideraram violentadas por seus próprios partidos na distribuição dos recursos. Nesse caso, sem dúvida, eles são vistos como os grandes algozes – seja pela má distribuição dos fundos, seja pela ausência de recursos a elas destinados. Se muitas são as queixas em relação às lideranças partidárias, a perspectiva de violência econômica entre as categorias da VPG permitiu às mulheres da política nomear de forma poderosa a desigualdade que experimentam no acesso aos recursos partidários.

Violência simbólica

A violência simbólica é o quarto tipo de violência classificado por Krook e Restrepo Sanín (2016). Ela pode ser considerada o mais sutil dos tipos, pois tem como característica, de acordo com a definição a que estamos nos referindo, minar o poder simbólico das mulheres na política, isto é, reduzir o poder das candidatas como seres políticos.

Na prática, a primeira vez em que ouvimos as mulheres da política comentarem sobre isso foi numa aula para candidatas no Tribunal Regional Eleitoral (TRE) do Paraná, em 2019. Durante os dois dias de curso em Curitiba, foram vários os relatos das mulheres nos quais, quando mencionavam a violência política, traziam a perspectiva do "descrédito", da "falta de confiança", entre outras expressões análogas, as quais eram proferidas por familiares, eleitores, lideranças partidárias. A percepção delas em relação à violência aumentava, sobretudo, quando a origem estava nos líderes de seus partidos.

Na violência simbólica, há um forte componente de gênero, sobretudo na forma como os comentários verbais se constituem, muitos recorrendo a palavras comumente usadas para ofender as mulheres.

Foi assim que aconteceu com Crislaine Montes, mulher da periferia do Tocantins, que disputou tanto uma vaga para vereadora, em 2020, como para deputada federal em 2022. Participando de conselhos, projetos sociais e coletivos, ela está bem acostumada aos debates públicos, assim, a violência simbólica que sofreu não abalou sua tenacidade.

> Eu considero que sofri algum tipo de violência de intimidação, no sentido de "Como você vai ser candidata? Você é louca, não vai dar certo" –, uma desmotivação mesmo. Mas como eu já tinha passado isso pela primeira vez e com êxito, acreditei.

Várias outras candidatas trazem relatos muito parecidos: "Foi a única que eu sofri, quando o candidato do meu próprio partido disse que eu não tinha expressividade". Ou "Sofri. De não acreditar no nosso potencial. Tanto é que os líderes máster do meu partido acreditavam que eu ia ter no máximo 500 votos".

Outra forma de vitimizar simbolicamente mulheres candidatas é escondendo seus nomes nas campanhas, como conta Ana Alice Silva, de um partido de esquerda do Espírito Santo. "Na página estadual do meu partido, o meu nome só começa a aparecer depois que eu cobro. Porque quem dirige realmente gosta de me esconder 'estadualmente'".

Comparando as candidatas a vereadora com aquelas que concorrem nas eleições gerais – seja a uma vaga de deputada estadual ou federal –, é possível observar que a experiência em eleições prévias, assim como aconteceu com Crislaine, as ajuda a navegar quando ocorrem casos de violência simbólica. Dessa forma, candidatas à vereança tendem a se sentir muito mais atingidas com o que classificam como ataques e violência política de gênero.

Como lidar com tanta violência?

Diante da proeminência e relevância que o tema foi tomando na região, diversos países latino-americanos começaram a criar leis que pudessem proteger a mulher da violência política. Em 2012, a Bolívia foi o primeiro país na América Latina a aprovar uma legislação que tipificou como crime o assédio e a violência política contra mulheres. No Equador e na Costa Rica (2013) também houve intentos semelhantes em 2013. No México, a criminalização de atos de violência física, psicológica e sexual perpetrados contra mulheres com o objetivo de impedir sua atuação política foi proposta por meio da reforma da lei sobre o Acesso das Mulheres a uma Vida Livre de Violência e do Código Federal Eleitoral. Mesmo aprovada por unanimidade no Senado, em 2013, a reforma não foi confirmada na Câmara dos Deputados (Bardall & Borovsky, 2020).

Anos depois, como resultado do esforço de grupos ligados às advogadas eleitorais e feministas, em 4 agosto de 2021, foi sancionada no Brasil a Lei nº 14.192/2021, que estabelece normas para prevenir, sancionar e combater a violência política contra as mulheres. A partir dessa lei, tornaram-se crimes "assediar, constranger, humilhar, perseguir ou ameaçar, por qualquer meio, a candidata ou detentora de mandato eletivo, utilizando-se de menosprezo ou discriminação à condição de mulher ou à sua cor, raça ou etnia, com a finalidade de impedir ou dificultar a sua campanha eleitoral ou o desempenho de seu mandato eletivo" (Brasil, 2021).

De acordo com um levantamento do Conselho Nacional de Justiça (CNJ) feito junto ao Ministério Público, em pouco mais de um ano de existência da lei, até novembro de 2022, houve 112 procedimentos relacionados ao tema. Ainda que a lei diga respeito também às mulheres em campanha, o primeiro caso julgado foi o de uma vereadora de Pedreiras (MA), que teve o microfone arrancado das mãos por outro vereador (Melo, 2022).

Enquanto a lei vai se estabelecendo, e os tribunais vão aprendendo como implementá-la de modo a garantir campanhas em que as candidatas vivenciem menos casos de violência política, outro efeito da propagação do conceito foi ter aumentado os holofotes em torno do tema da VPG. O termo rapidamente foi abraçado e se tornou um velho conhecido das candidatas.

Muitas delas têm optado por ir até o fim em suas denúncias, não apenas nas redes sociais, mas também registrando o boletim de ocorrência, partindo para as instâncias legais. Outras preferem não recorrer à Justiça. Isso porque, como o processo é moroso e caro, a denúncia acaba tirando tempo, recursos e energia de campanha, algo que lhes é precioso.

No caso brasileiro, alguns aspectos dessa temática chamam a atenção. O primeiro deles é como dois tipos de violência – simbólica e econômica – têm como principais responsáveis aqueles que poderiam ser grandes apoiadores das candidatas: as lideranças dos seus partidos.

Outro ponto é que mulheres negras, assim como mulheres trans, mesmo quando filiadas a partidos de esquerda, seguem relatando muito mais casos de violência política dentro e fora dos seus partidos. Suas narrativas incluem casos de perseguição, ameaças, xingamentos, hostilidade durante o corpo a corpo, invisibilidade em eventos partidários e isolamento entre os colegas.

Seja como for, no contexto atual, a VPG, em suas diferentes categorizações, dificilmente deixará de fazer parte da vida política das candidatas; tanto porque, para todos – homens e mulheres na política –, a disputa pelo poder é bastante permeada pela violência, quanto porque o gênero é estruturante das relações de poder.

Ainda que a VPG seja algo com que continuaremos a lidar, não podemos normalizá-la, tendo em vista o quanto tal violência é nociva ao fazer político das mulheres. Para além dos graves riscos individuais físicos e psicológicos, identificamos uma ameaça à representatividade, uma vez que a VPG impacta diretamente a ambição política nascente e a resiliência das candidatas.

Isso ocorre porque, ao se tornarem bastante publicizados e comentados, os relatos de violência política fazem com que muitas mulheres tomem a decisão racional de não se candidatar. Ao mesmo tempo, em etapas mais avançadas de suas carreiras políticas, os casos de violência acabam afetando aquelas que já estão participando do jogo, as quais optam por deixar suas cadeiras ou não mais se recandidatar. O fato de as candidatas temerem a violência política é, na prática, tão relevante quanto a discussão de se a categoria existe mesmo ou não.

Nesse sentido, o testemunho de Dina Salgueiro é um alerta para os riscos profundos da violência política de gênero:

> Muitas mulheres na política estão adoecendo, e adoecendo psicologicamente, desistindo de ser candidatas, temendo esse lugar. E o lugar tem inúmeras violências, às vezes, que começam do interior

do próprio partido, que perpassam as relações pessoais, alcançam relações políticas, profissionais, sociais. Então, a questão da violência política de gênero é uma questão crucial para o nosso tempo. Se a gente quer defender uma democracia representativa com mais mulheres, em especial mulheres negras, com certeza.

Se tem um ponto que a violência política atinge diretamente, trata-se da resiliência das candidatas; a capacidade que elas têm de se candidatar novamente, tendo sido eleitas ou não. Isso porque a experiência da campanha ou no cargo, e os ataques que podem ter sofrido, muitas vezes, acabam impactando sua decisão de permanência na política.

7

Ressaca de campanha

Com um público de 63.267 pessoas, em São Paulo, o jogo Brasil e Croácia inaugurou a participação brasileira na Copa do Mundo de 2014. Na plateia, Dilma Rousseff, então presidente do Brasil, esperava o início da partida quando, terminado o hino, começou a escutar a plateia atacá-la em uníssono. Impassível, continuou acompanhando o evento, sendo ofendida em mais duas ocasiões. Sua campanha oficial para a reeleição iniciou-se pouco mais de um mês depois, terminando com uma vitória apertada no segundo turno.

Dois anos passados das vaias no estádio, no último dia de agosto de 2016, Dilma Rousseff foi destituída do cargo de presidente após uma série de protestos na rua, agressões de todos os tipos e uma votação na Câmara dos Deputados em que 367 deputados foram enfaticamente contrários à sua permanência.

Mesmo diante de todos os ataques sofridos da direita e da esquerda, de homens e de mulheres e de seu partido, não foram necessários nem outros dois anos para que a ex-presidente transferisse o seu domicílio eleitoral e voltasse a enfrentar as ruas. Com uma enorme resiliência, lançou-se candidata ao Senado por Minas Gerais, pelo mesmo PT, nas eleições gerais de 2018.

A história de Áurea Carolina foi diferente. Vereadora eleita para a Câmara de Belo Horizonte (MG) em 2016, pelo Psol, Áurea Carolina decidiu, dada a sua boa votação e à grande popularidade, disputar dois anos depois uma vaga para deputada federal. Mulher negra, que começou sua trajetória no movimento social, foi novamente eleita.

Mais dois anos, e a deputada Áurea embarcou em uma nova jornada: a campanha para a prefeitura de Belo Horizonte de 2020, em plena pandemia. Com o filho no colo, enfrentou uma campanha duríssima, enquanto ainda vivia o período de amamentação. Teve Covid-19 dias antes da eleição, foi internada e, convalescendo, nem sequer conseguiu votar em si mesma.

Continuou no cargo de deputada federal, no qual sentia que estava, literalmente, dando sua vida por um projeto coletivo – como ela mesma declarou em um texto de sua autoria publicado na revista *piauí* (Carolina, 2023). Quando seu mandato acabou, celebrou e decidiu que, dali em diante, seu lugar de fazer política seria o movimento social.

Um terceiro processo foi o de Fátima Bezerra, governadora reeleita do Rio Grande do Norte em 2022, mulher parda e lésbica. Eleita pela primeira vez em 1994 para o cargo de deputada estadual, Fátima Bezerra fez uma longa carreira no Legislativo – primeiramente, com dois mandatos de deputada estadual; depois, com três mandatos de deputada federal; enquanto, nos anos de eleição municipal, disputava e era derrotada sistematicamente na tentativa da cadeira da prefeitura de Natal (RN). Em 1996, 2000 e 2008, foi a segunda mais bem votada; porém, em 2004, alcançou apenas a quarta colocação. Finalmente, em 2014, Fátima Bezerra se elegeu senadora, o que a cacifou para disputar a vaga de governadora e vencer por dois mandatos seguidos. Foi uma das únicas mulheres governadoras do Brasil nas duas ocasiões.

Para chegar a ocupar uma cadeira do Executivo, foram necessários 22 anos, nos quais Fátima não desistiu.

Ter resiliência na política é das tarefas mais difíceis, tema que perpassa muitas das decisões das candidatas e afeta as formas como elas se posicionam nas diferentes campanhas. Nos relatos das mulheres com quem conversamos, existem aquelas que passaram por vivências muito semelhantes às de Dilma Rousseff, de Áurea Carolina ou de Fátima Bezerra: que decidiram tentar apesar de tudo, que decidiram buscar outros caminhos do fazer político, que decidiram insistir.

Neste capítulo, lembramos como é difícil conseguir uma vaga e relatamos, observando desde o momento em que suas campanhas se encerram, suas frustrações e alegrias, o que motiva algumas a persistirem – e outras a desistirem – da vida na política eleitoral. Também trouxemos algumas das suas estratégias para sobreviver neste mar cheio de tubarões e o que acontece depois.

A improbabilidade do sucesso

Candidatar-se a um cargo da representação política costuma ser uma missão bastante inglória, daquelas que tomam tempo e requerem muito – muito mesmo – esforço. Isso porque a taxa de sucesso, ou seja, o número de pessoas que se elegem comparado às que se candidatam, costuma ser bem baixo. Para cargos no Legislativo, a chance de sucesso pode ser menor que 10%. Isso significa que a maioria das pessoas que se candidatam sairá das eleições sem uma cadeira e, portanto, geralmente bastante frustrada. Por exemplo, de 200 mulheres que se candidataram ao cargo de deputada federal em 2022, 195 delas não conseguiram terminar a campanha com a vitória eleitoral.

É bem verdade que isso vale para homens e mulheres, contudo, há um grande diferencial de gênero na taxa de sucesso de ambos, principalmente no caso dos cargos para o Legislativo, como é possível identificar pela figura 7. A maior diferença acontece nas câmaras municipais, em que homens candidatos têm quase três vezes mais chances de serem eleitos que as mulheres. Na prática, mulheres não apenas concorrem menos (sendo cerca de 30% das chapas, cumprindo a cota), como também se elegem menos, desprovidas que estão de apoios e financiamentos mais robustos por parte dos partidos.

Nas disputas a cargos legislativos, a proporção de candidatas beira os 30% estipulados por lei, mas a taxa de sucesso das mulheres é

Figura 7. Taxa de sucesso eleitoral por gênero

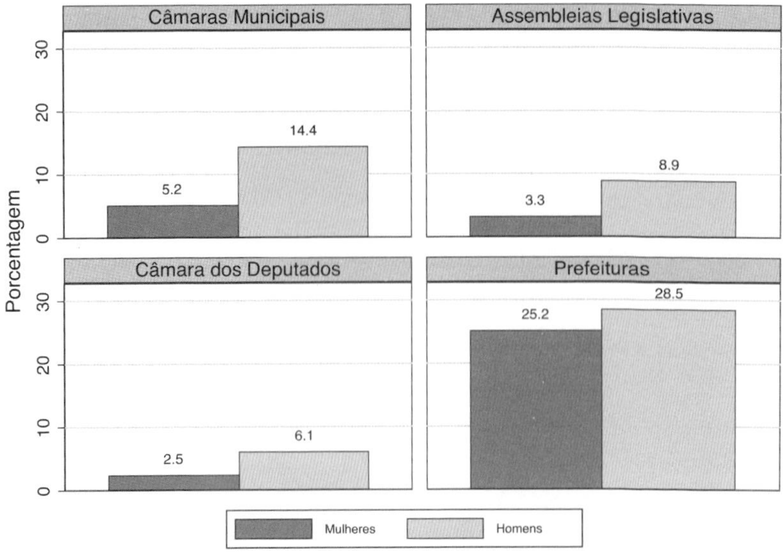

Fonte: Gráfico produzido pelas autoras utilizando dados das eleições de 2020 e 2022 disponibilizados pelo TSE.

baixa. Já nas disputas para as prefeituras a lógica se inverte: a proporção de candidatas é baixa, mas o diferencial na taxa de sucesso entre homens e mulheres praticamente desaparece, uma vez que, neste tipo de eleição, os partidos tendem a nomear mulheres como candidatas apenas se, de fato, vão investir em suas campanhas.

O resultado dessas dinâmicas é que, diante da enorme improbabilidade do sucesso, persistir na política acaba sendo um imenso desafio.

A expectativa de votos (e a frustração)

De alguém que entra numa corrida eleitoral espera-se que, no mínimo, tenha uma expectativa alta quanto ao número de votos que pode arregimentar. Dificilmente, quem desenvolve uma campanha o faz imaginando que não terá bons resultados. Como a maioria delas não sai vitoriosa, é muito comum que as candidatas se frustrem por conta das pessoas que, na hora da urna, decidiram não marcar seu número e apertar o Verde-Confirma.

São muitos os esforços empreendidos ao longo da campanha para convencer os eleitores. Assim, de um modo geral, a expectativa vai se ajustando ao longo dos 50 dias – para mais ou para menos. Uma vez que as candidatas começam a identificar que contam com menos apoio das lideranças, ou que receberam menos dinheiro que outras pessoas que concorrem ao mesmo cargo, elas já se dão conta de que será difícil saírem vitoriosas. Isso reduz a surpresa do resultado ruim, mas não a frustração.

Doutora Dionísia Mendes, candidata a deputada estadual em Goiás pelo Solidariedade, tentou fazer uma "vaquinha" (um financiamento coletivo) a fim de sinalizar para o partido que podia ter apoio e, dessa forma, conseguir mais dinheiro, o que, por sua vez, aumentaria suas chances. Não deu certo. Não teve apoio dos eleitores e perdeu também o apoio do partido. Terminou a campanha chateada com o número de votos, mas não foi exatamente algo inesperado.

Em outro lado do espectro ideológico, filiada ao PDT, Amanda Silva concorreu também a uma vaga à Assembleia Legislativa do seu estado, o Rio Grande do Norte. Ela chegou a ter uma verba para fazer campanha, mas, já no meio do caminho, algumas mudanças no apoio que recebeu a fizeram entender que não teria como ir muito além nos votos.

> A gente sempre quer mais. A minha meta era de mil votos. Mas isso, a partir do momento que, por exemplo, eu ia ter carro do partido, aí de repente não tinha mais carro... Eu tinha uma dobrada que virou concorrência... Perdi 200 [votos] nessa questão de não querer distribuir

cesta básica. Perdi pelo fato de não ter os carros como foi combinado. Então, eu com certeza tive menos do que eu tinha em mente.

Bons planejamentos de campanha costumam começar exatamente com a previsão dos votos necessários para que a pessoa se eleja. Em geral, as contas para o financiamento, a contratação dos *brokers* (os intermediários que ajudarão a pedir votos na campanha) e todo o planejamento são feitos levando em consideração esse número de votos e o "custo" de cada um deles (Holland & Palmer-Rubin, 2015). Dessa forma, Policial Francisca, disputando uma vaga na Assembleia Legislativa de Goiás por um partido de centro-direita, tinha certeza de que seus esforços deveriam tê-la levado mais longe.

> Eu esperava ter mais. A gente esperava ter 18 mil. Nós trabalhávamos para cerca de 18 mil a 20 mil votos. Então teve essa frustração. Eu também imaginava ficar, ainda assim, em primeiro lugar no partido, pela questão da chapa. Então houve uma surpresa quando uma pessoa foi eleita, que não estava no nosso radar, e teve mais votos. Então a gente também teve que lidar com essa dura realidade, que, às vezes, até pelo meu estilo, de controle de tudo, as coisas fugiram totalmente do controle. Eu realmente não imaginava, nem conhecia e nem sabia quem era o candidato. Tive que lidar com isso.

Ainda que, em muitos casos, as candidatas saibam perfeitamente e discorram sobre a questão do número de votos recebidos, em geral, a satisfação com o resultado está relacionada a ter sido ou não eleita; ou ver naquela campanha o aumento do número de votos que pode funcionar como um trampolim para eleições futuras. Naturalmente, há casos em que são realmente muito poucos os votos, mas a preocupação, como deve ser, está mesmo no êxito eleitoral ou, minimamente, em uma vitória política que ajudará a dar ânimo para próximas disputas.

O caso de Lauriane Congo é um dos que ilustra bem o exemplo de uma vitória política. Ainda que não tenha garantido em 2022 sua vaga de deputada estadual, o bom número de votos permitiu que ocupasse uma posição de maior poder dentro de seu partido, o PSB, o que a favorece para próximas etapas e candidaturas.

> Eu fiquei muito satisfeita, de uma maneira geral. Eu acho que a gente foi vitorioso, até pelo número de votos, mais de 10 mil, considerando o perfil [daquele] com quem eu concorri e meu grupo partidário, que não estava em uma federação.

Onde foi que eu errei?

Se o resultado sai como desejado, é mais fácil terminar o processo com uma impressão positiva da campanha. Mas mesmo quando saem derrotadas, cansadas, violentadas, endividadas, a maioria das candidatas têm o entendimento de que foi uma boa experiência.

Quando elas não conseguem o cargo, com votos aquém das expectativas, normalmente atribuem o insucesso a uma série de fatores, dentre os quais estão a conjuntura, imprevistos e percalços de campanha, mas também esforços que elas mesmas acreditam que podiam ter feito.

Para as eleições de 2022, um culpado recorrente apontado pelas candidatas foi a polarização, que teria feito com que quem não estivesse explicitamente do lado de algum dos dois candidatos que lideravam à disputa à presidência terminasse sem chance de eleição. Mônica Tavares concorria a uma vaga de deputada federal pelo Partido Novo, em Goiás, mas conseguiu menos de 300 votos. Na sua visão, o principal responsável foi a conjuntura, sobre a qual tinha muito pouco controle.

Por mais que eu tenha trabalhado bastante, eu não tinha uma ideologia que estava inserida em uma eleição tão polarizada; não estava nem no A nem no B. Eu estava em um partido que é praticamente contra as minhas ideologias, se fosse me posicionar, como eu me posiciono dentro do meu projeto, seria totalmente ao contrário.

Já outras candidatas, como Verônica Manhans, do PTC do Maranhão, e Mércia Cardoso, do PP de Goiás – a primeira, candidata a vereadora, e a segunda, a deputada federal –, acreditam que havia atitudes que elas mesmas deveriam ter tomado para terem chance de vitória. Verônica, porém, contou com um financiamento total de R$ 1 mil, o qual limitou bastante sua atuação. Para Mércia, sua demora em decidir sair candidata foi o que a prejudicou. Culpar a si mesma pelos maus resultados é um comportamento bastante recorrente quando se trata de mulheres, e não apenas as da política (Buser & Yuan, 2016; Roberts & Nolen-Hoeksema, 1994). Entretanto, é comum que as faltas que as mulheres atribuem a si mesmas estejam, na verdade, no sistema. De acordo com as próprias palavras de ambas, a começar por Verônica:

> Faltou mais empenho meu também. Saber articular mais os canais. Faltou mais um planejamento e colocar em prática. Fazer uma campanha maior, com maior abrangência, que aí precisava um pouco de recursos financeiros. Que foi o que faltou, e eu não tinha recursos próprios.

Mércia também se responsabiliza pelo resultado ruim.

> Eu não decidi com antecedência de seis meses, cinco meses, quatro meses a ser candidata: eu decidi 60 dias antes do último prazo. Então eu também tinha essa consciência reflexiva de que eu não fiz uma base. Detalhe: eu não tive nenhum vereador me apoiando, ne-

> nhum prefeito me apoiando. Ninguém político me apoiando. Então, o apoio que eu tive foi de Deus e da população.

Luciana Malta, candidata em São Gonçalo, cuja trajetória viemos acompanhando, tem bastante claro para ela que a culpa não passou por suas atitudes individuais, mas sim por questões de estrutura que considera "fundamentais" para que uma campanha tenha chances de dar certo, de "trazer o apelo emotivo capaz de cativar as pessoas". Assim, não vê como poderia ter conseguido explorar ainda mais fatores que a favoreciam – como sua juventude e a percepção do eleitorado de que era honesta – sem que tivesse mais dinheiro.

> Ao mesmo tempo que muitos ficavam entusiasmados de ver uma pessoa jovem, fazendo a campanha na raça, [...] é impossível percorrer sem estrutura. [...] Tentando resumir, as pessoas gostam da carreata, dos políticos passando, daquela festa, sentir aquele frio na barriga de quatro em quatro anos, e quando você não tem dinheiro para mobilizar isso, isso afeta a forma de você conseguir chegar a todo mundo, falar com todo mundo.

A partir dessa experiência, Luciana Malta aprendeu que era preciso mudar algumas das suas estratégias de campanha; e, sobretudo, tinha de estruturar suas ações para o que faria entre os anos eleitorais.

Mudando o que pode ser mudado

Luciana não é a única que, diante da derrota, continuou se movendo, como forma de aumentar seu capital político e suas chances de manutenção nessa trajetória. Terminadas as eleições, ela começou a trabalhar no gabinete de um político do partido e, dois anos depois, concorreu a uma vaga de deputada estadual. Ainda sem conseguir a tão sonhada cadeira, fez um movimento que muitos candidatos costumam adotar no Brasil, independentemente do gênero, que é mudar de partido ou, no termo mais preciso, realizar a "migração partidária". Assim como ela, Larissa Ramos durou apenas mais um ano no partido em que concorreu em Goiás, antes de buscar opções em outros partidos nos quais encontrasse mais espaço para desenvolver uma campanha com chance de sucesso. Ainda que as evidências sugiram que não há diferenças significativas entre homens e mulheres no tocante à migração, estar há mais tempo no sistema – algo menos comum entre as mulheres – indica maior fidelização aos partidos (Braga & Speck, 2014).

No processo de mudança de partido, as candidatas, em geral, exibem aos líderes que as convidam os resultados obtidos nas eleições anteriores e, ao negociar a sua filiação, tentam conseguir mais recursos financeiros e apoios do que os obtidos no partido precedente. As promessas costumam ser muitas, mas poucas são cumpridas. O acesso a mais estrutura é algo sempre demandado nessa nova tentativa por aquelas que sentiram que, com um pouco mais, poderiam ter saído vitoriosas.

Andreya nasceu em Maceió e não precisou nem chegar aos 18 anos para começar a participar politicamente, atuando como liderança em sua escola. Seu senso de responsabilidade era tamanho que, mesmo na família de base operária, achava que também era ela quem tinha de resolver todas as coisas. As ferramentas de campanha ela foi conhecendo neste fazer político, e, quando disputou uma vaga de deputada federal pelo Psol, já se sentia preparada para a missão há eras. Sabendo que a relação com o partido é necessária e importante, finda a eleição, começou a considerar uma migração, bastante atenta a como o movimento poderia aumentar suas chances no xadrez político.

> Ao mesmo tempo é uma relação problemática, porque o partido também nos prejudica. A gente tenta levantar o partido, e o parti-

do nos derruba. Nós conversamos muito sobre isso, [...] precisamos de uma representatividade negra na Câmara de Vereadores, isso é urgente. Para mim e para alguns isso é muito claro, mas não é consenso. Estamos conversando muito, exaustivamente. Também tem uma questão de encontrar um partido, porque não pode ser qualquer partido, você tem que se identificar, e é uma briga muito grande. [...]. A gente tem que calcular muito bem o que vai fazer dentro do jogo político. Mas existe a pretensão de sair do Psol, sim.

Sem ameaçar mudar de partido, Verônica Xavante, do Tocantins, condicionou uma nova candidatura ao aumento da verba. No entanto, assim como outras candidatas, a sua manutenção nas disputas pode se dar tentando uma vaga para outro cargo, diferente daquele para o qual concorrera nas eleições pregressas. Essa é outra forma bastante comum de as candidatas se manterem no processo eleitoral a cada dois anos.

Meu nome foi citado para ser candidata a prefeita. Eu acho que uma campanha para prefeito teria de ter uma estrutura maior e um engajamento do partido. A campanha para prefeitura e para vereador é muito tensa e muito presente, você vai viver 45 dias sem dormir.

Terminadas as eleições, Verônica estava certa em continuar ajudando na política, mas firme no propósito de que somente se apresentaria a novas candidaturas para outros cargos se houvesse disponibilidade de dinheiro. O raciocínio de Verônica está bastante relacionado ao que mostra a pesquisa acadêmica, que argumenta que as mulheres, muitas vezes, desistem de uma segunda tentativa não por falta de ambição, mas como resultado de uma decisão racional diante das dificuldades do processo (Piscopo & Kenny, 2020). Policial Francisca, por exemplo, está considerando se vai disputar uma nova eleição – desta vez para vereadora – justamente por conta da falta do dinheiro. Ela é enfática: "Não vou morrer na praia de novo".

Fora da relação partidária e eleitoral em si, outro aspecto que as candidatas enfatizam bastante e que requer mudanças, justamente para elas manterem a persistência política, diz respeito a um melhor planejamento estratégico. Por serem muitas delas marinheiras de primeira viagem, há um aprendizado que vai se acumulando conforme vão tentando se eleger várias vezes.

Allana Davis (Novo) sonhava com uma vaga de deputada estadual no Paraná. Para isso, investiu muita energia, conseguiu um bom valor em doações individuais e montou um comitê de campanha ao lado de um restaurante onde almoçava todos os dias. Uma semana depois, finda a campanha na qual não se elegeu, Allana teve ali uma das suas grandes lições sobre política e a relação com o eleitorado. Ao entrar no restaurante, o garçom veio até ela e falou: "Você acredita que esqueci o teu número?". A candidata derrotada não podia acreditar no que estava ouvindo: perdera um voto certo simplesmente porque não dera um santinho ao garçom que a atendia todos os dias. Allana prometeu que, da próxima vez, não deixará brechas como essa, assim como vai tentar influenciar mais na decisão sobre a chapa.

> Essa parte estratégica é algo fundamental. Aí tem algumas maneiras de trabalhar isso. Pensar bem na chapa também, que eu acho que fui prejudicada por conta de uma chapa pequena e fraca que a gente teve, que, enfim, foi por conta do diretório. [...] E nessa parte estratégica, então, eu vejo alguns profissionais. Por exemplo, a área de comunicação. Eu poderia ter um marqueteiro, alguém mais voltado para a parte estratégia de comunicação. E eu não tinha. [...] E também não parar. Minha ideia é não parar de produzir conteúdo, de ser ativa, de fazer a minha militância, de participar de eventos. E tem aí dois anos, se for para concorrer em 2024. Mas, se não for, não vou parar de qualquer forma, mostrando a minha imagem para as pessoas e alimentando o capital político que eu consegui construir.

Ser lembrada pelos seus eleitores também é a preocupação de Helvane Dornelles, que aprendeu que manter seu nome circulando faz uma enorme diferença.

> É essencial ter um banco de dados de quantas pessoas vão te ajudar, mas isso não [dá para] fazer no ano em que você vai concorrer, mas ao longo do tempo. Para concorrer, você tem que planejar, publicitar suas ações. Porque as pessoas precisam se lembrar o tempo todo do que você faz, senão elas esquecem.

Resiliência

Candidatas como Allana, Helvane e Andreya estão já certas de que disputarão outras eleições, apesar dos percalços e da experiência da derrota. Lembrando o movimento da governadora Fátima Bezerra, elas vão explorando eleições alternadas, bem como tentando melhorar suas estratégias de campanha em busca de um aumento de sua viabilidade eleitoral.

Esse também é o caso de Luciana Malta. A sua consciência da existência de limitações financeiras e estruturais – que estavam longe de passar por falhas pessoais – fez com que saísse de uma derrota relativamente tranquila e perseverante. Sua resiliência vinha também do fato de que estava certa de que a política continuaria sendo seu espaço, portanto, tentaria outras vezes.

Por outro lado, muitas outras decidem dar um tempo nas disputas eleitorais e voltar seus esforços para o movimento de que participam, ou para a política intrapartidária, em uma decisão análoga à da deputada Áurea Carolina. Verônica Xavante, por exemplo, está se dedicando às questões indígenas. Ela sabe que quer continuar fazendo política, mas negocia com o partido para ter certeza de que sua melhor aposta é concorrer a um cargo. Algo similar ocorre com Noraide Marini, que, depois de trabalhar 20 anos internamente no partido, tinha voltado a sua cidade natal, na Bahia, para tentar uma vaga de vereadora. Outra candidatura é um plano distante para ela: "Não, candidatura, eu não sei. Porque, se for para ser com esse formato que eu tive agora, sem apoio, dinheiro... Eu não saio mais".

Ou seja, para muitas candidatas, a frustração diante dos poucos votos, bem como a sensação de sua incapacidade de desenvolver uma boa campanha, pode acabar fazendo com que desistam da política. Como a pesquisa em ciência política mostra, o risco de serem malsucedidas nas urnas, ainda que seja desanimador para homens e mulheres, é pior para elas (Vallejo, 2024). Na prática, muitas das que tiveram resultados menos contundentes acabam desistindo, diante das poucas chances que veem em uma nova tentativa.

Esse é mais um problema para que se chegue à igualdade de gênero na política: dado que mulheres candidatas são um grupo já mais próximo da política e mais disposto aos riscos de uma campanha eleitoral, aumentar a representação feminina requer não somente incentivar que mais mulheres queiram concorrer, mas também garantir que as que já se candidataram não escapem do sistema e desistam de tentar novamente (Lee, 2019). Como experiências de campanha geram aprendizados importantes para desenvolver maturidade política, reunir esforços para manter mulheres que já se candidataram na disputa pode ser muito mais eficiente. Luciana Abdala, por exemplo, nota que aprendeu muito com o processo.

> [Em] política, hoje é uma coisa e amanhã é outra. Isso também foi um aprendizado que eu tive nessa eleição. Então, eu acho que da próxima vez eu vou vir muito mais preparada. Foi uma campanha bem difícil.

Mas não é somente a decepção com os resultados o que as faz parar para pensar se vale a pena se candidatar novamente. O próprio tempo que a campanha exige – tempo que sacrifica o contato familiar ou o desenvolvimento da carreira profissional – é um fator que elas levam em consideração. Isso ocorreu tanto com a deputada Áurea Carolina quanto com Clotilde. Em 2022, aos 50 anos e bastante tempo de militância em um partido de esquerda, ela fazia a sua terceira tentativa, desta vez, para um cargo na Assembleia Legislativa do Maranhão.

> São três candidaturas. Três anos consecutivos não dá. Eu sacrifico a minha família financeiramente. A mim mesma. [N]essa campanha, eu saí com um problema de saúde, eu estou com alteração no coração, hipertensa. Eu tenho que repensar a vida.

A campanha extenuante é quase uma constante para as candidatas. Elas entendem que isso faz parte do processo, mas muitas tentam colocar na balança o quanto deve ser um impeditivo para a participação em novas disputas eleitorais.

Geralmente, as que conseguiram chegar mais perto de vencer consideram que vale a pena passar por uma nova campanha. Esse também é o caso nos Estados Unidos, onde candidatas que perdem eleições por relativamente poucos votos têm uma probabilidade de se manter na disputa bem parecida à dos homens. Ou seja, são, sim, tão resilientes quanto eles, não tendo menor ambição política (Bernhard & De Benedictis-Kessner, 2021). Isso também se aplica às eleitas, que, em alguns contextos, são igualmente ou até mais resilientes que os homens (Bhalotra, Clots-Figueras & Iyer, 2018; Chiva, 2017). Entre as nossas entrevistadas, este foi o caso de Ceci Santana, que, mesmo sem ser eleita, tem uma história de vitória para contar.

> Eu fiquei muito satisfeita, porque, as principais metas que eu tinha colocado para essa candidatura, eu consegui atingir de forma muito satisfatória. Eu queria fazer mais do que eu fiz em 2018 e ter mais de 4 mil votos. Eu fiz 4.600 votos. Não ampliou tanto, mas ampliou. [...] Eu fui a candidata mais bem votada de esquerda e a terceira mais bem votada da cidade, isso me fez capitanear esse processo das

> forças progressistas. Eu acho que consegui atingir alguns objetivos, tanto que o pessoal da Câmara já está falando que uma das cadeiras para 2024 é minha. Então, por esses motivos, eu saí satisfeita dessa campanha, apesar das dívidas.

O mesmo otimismo diante da contagem de votos é o que mostra Professora Cândida, do MDB, no Tocantins.

> Em Porto, foram 800 e pouco, na cidade em que eu nasci, foram 300 e pouco. Para eles lá foi um susto, porque achavam que eu ia tirar 50 votos, tanto que eles estão morrendo de medo de que eu vá me candidatar lá, mas eu vou, podem ficar com medo.

Juliane Estrela teve R$ 3 mil para fazer campanha de vereadora em João Pessoa (PB). O resultado foram 51 votos. Mas quando perguntamos se vai se candidatar, ela não hesita um minuto: "Eu pretendo, sim. Até eu conseguir, a não ser que Jesus me leve desse mundo, porque a gente não sabe o dia de amanhã. A gente faz planos, e quem executa é Deus".

Chegando a esta altura do livro, acreditamos que não pode restar mais qualquer dúvida acerca do tamanho da resiliência que as candidatas precisam ter para seguir no caminho da política. Diante da frustração com os poucos votos e dos tempos duros de campanha, muitas candidatas desistem. Outras, porém, ao identificar possíveis falhas nos planos, buscam melhorar suas chances trocando de partido, incrementando seus conhecimentos estratégicos, participando mais da vida política nos intervalos entre as campanhas ou tentando concorrer a diferentes cargos a cada dois anos.

Vontade política, disposição para o risco, desejo de fazer a diferença. Movidas por esses sentimentos, apesar de tudo, as candidatas resistem, persistem e insistem nas candidaturas: é quase uma profissão de fé.

8

A trajetória dos homens

O fato de que a desigualdade de gênero impacte muitas das interações que vivemos na nossa sociedade faz com que, em diversas ocasiões, ao nos depararmos com situações em que mulheres identificam algum tipo de obstáculo ou grande desafio, acabemos atribuindo isso à questão de gênero. Muitas vezes, é essa mesmo a explicação. Mas nem sempre.

Assim, uma crítica constante aos estudos que tentam entender os diferenciais de poder entre homens e mulheres está justamente no fato de que essa comparação sobre como pessoas dos dois grupos lidam com a mesma questão, em determinados contextos, termina sendo negligenciada. Para evitarmos repetir esta falha, propositalmente, dos 102 candidatos que entrevistamos, 23 deles eram homens. Isso nos permite contrastar as trajetórias das candidatas de primeira viagem com a dos homens em igual situação, ou seja, que são também novatos. Essa comparação torna ainda mais evidente os obstáculos que as mulheres – mas também os homens – enfrentam nas suas trajetórias na política.

Agora, portanto, passearemos novamente pelos capítulos que reconstruíram o caminho das candidatas para ouvir a voz dos homens candidatos e tentar entender, afinal, no que elas se diferem.

Quem são os candidatos?

No capítulo 2, mostramos que as mulheres que se candidatam a cargos eletivos no Brasil são, em sua maioria, brancas, têm entre 35 e 54 anos, têm o ensino superior completo, são, em grande parte, solteiras ou casadas e estão filiadas a partidos de direita. Lá atrás, já falamos um pouco sobre como o perfil das candidatas contrasta com o dos homens, mas vale lembrar aqui alguns dos dados.

Dos cargos que analisamos para o Legislativo (vereadores, deputados estaduais e federais), os homens são em torno de 65% dos candidatos; para as prefeituras, porém, o percentual chega a quase 90%: são homens 86,6% dos que concorrem a uma vaga. Quanto ao perfil étnico-racial, eles repetem o padrão das mulheres, com um percentual maior de candidatos brancos, seguido por pardos e, depois, pretos. É importante mencionar que, entre os eleitos, ocorre o mesmo fenômeno que com as mulheres; proporcionalmente, muito mais candidatos brancos são bem-sucedidos nas disputas, quando comparados a pretos e pardos.

No que se refere à idade, também há uma forte semelhança entre candidatas e candidatos. A maior parte deles tem entre 35 e 54 anos. Entretanto, quando o tema é a escolaridade, apesar de se parecerem quanto aos concorrentes aos cargos, os homens que disputam para prefeito têm bem menos tempo de estudo que as mulheres em busca da mesma cadeira. Outro aspecto analisado foi o do estado civil. Nesse quesito, acompanhando o que a ciência política já registra, há mais homens casados que mulheres na mesma situação.

A primeira chama

Os motivos que levam os candidatos e candidatas que entrevistamos a integrar uma disputa política tendem a ser parecidos. A partir do que contam, é possível identificar que muitos chamam a atenção para três aspectos bastante frequentes em suas experiências: a vocação, a vontade de transformar a política, mas também questões relacionadas à maior representatividade, isso especificamente quando se trata de homens que pertencem a grupos marginalizados na política, como negros ou pessoas de baixa renda.

Esse é o caso, por exemplo, de Professor Orlando, que, em 2020, se candidatou a uma vaga de vereador no município de São Paulo por um partido de centro-direita. Desde a infância, a sua vida fora toda construída em um bairro da periferia. Em uma família de sete filhos, sua história ficou marcada pela perda de uma irmã ainda criança. Mesmo em um contexto de pobreza, Professor Orlando conseguiu frequentar a escola e se tornar um ótimo aluno, tanto que obteve uma bolsa para estudar na Europa. O passo seguinte foi se formar em direito e se tornar professor. Na sala de aula, mesmo mostrando aos alunos que havia muitas oportunidades, começou a perceber que eles precisavam de muito mais, e que a política seria a única maneira de acabar com a desigualdade social.

> Eu falo sobre a acessibilidade da educação, a educação é uma ferramenta que transforma, mas a educação só vai ser eficiente nessa transformação se ela chegar até a pessoa com qualidade, e a gente só vai conseguir isso através de políticas públicas. [...] O que me fez entrar na política foi realmente ser, mostrar para as pessoas que o pobre e preto pode e deve entrar na política. A gente tem que ocupar um espaço que é nosso.

Quanto à vocação, uma proporção mais alta de homens que de mulheres apresenta essa justificativa para a entrada na política. Mesmo que tenhamos uma amostra reduzida, o resultado está bem alinhado com dados de pesquisas de opinião, que mostram que os homens tendem a ter uma avaliação mais generosa sobre si mesmos que as mulheres.

Em Natal (RN), Manuel Pavão, homem pardo, concorrendo a uma cadeira de vereador na sua cidade, teve outras motivações. Por um lado, essa chama se pareceu muito com aquela descrita pelas mulheres:

> Tanto problema a nossa Câmara Municipal teve recentemente... Teve uma operação municipal aqui chamada "Operação Impacto", que até hoje ainda tem resquício desses vereadores: tem esposa, sobrinhos e primos que foram condenados na época, e isso mexeu muito com a cabeça do natalense. E [minha decisão de me candidatar] foi mais exercitando o fato de renovar. Foi essa tentativa.

Se, por um prisma, a razão da candidatura de Manuel Pavão apresenta semelhanças com as motivações das mulheres, quando se observa a sua trajetória, vê-se um aspecto muito menos frequente entre elas. Ele não foi o único. As entrevistas também tornaram evidente outro dado captado por pesquisas de opinião pública: os homens recebem muito mais incentivos externos do que as mulheres – incentivos que vêm de fontes diversas. Esses apoiadores conseguem reconhecer mais facilmente um potencial líder quando se trata de um homem. Quando se lançou candidato, Manuel já tinha construído uma trajetória partidária, e, por isso, foi convidado para integrar a chapa de outro partido.

> Eu coordeno campanhas eleitorais em Natal desde 1996 [...]. Minha mãe tem uma ligação com a família política da cidade e do estado, e eu comecei a fazer coordenação de campanha, e faço isso até hoje. De tanto coordenar campanha, esse ano, eu fui convidado a entrar para um partido novo, lá me incentivaram, e eu resolvi me candidatar por causa disso. Foi uma nova experiência do partido que permitiu e que deixou a gente bem livre para tomar essa atitude. Disseram: "Você, vindo para cá, você pode ser candidato e a gente deseja que você seja".

No caso dos homens, os incentivos vêm de várias fontes, não apenas dos partidos. Podem ter origem nos sindicatos, nos chefes (quando se trata de servidores públicos), em pessoas da comunidade. Esse, por exemplo, foi o caso de Pastor Cleber, que disputou uma vaga de deputado federal no Paraná, pelo Republicanos. Sua congregação reunida havia entendido que era importante ter uma opção de representante. Após algumas conversas, chegou-se ao nome dele como a melhor opção.

Já no caso de Helio Kramer, em Minas Gerais, concorrendo pelo Novo, ele contou com o incentivo de outro político em cujo gabinete já havia trabalhado.

> Eu virei candidato nessas eleições. Diante dessa oportunidade de pessoas que estão trabalhando com ele, de se candidatarem, ele começou a me incentivar e me deu todo o apoio pra vir candidato a deputado estadual, para seguir um pouco dos aprendizados.

Pastor Leandro, candidato a deputado estadual pelo União Brasil, em São Paulo, contou com conexões ainda mais fortes. Aliás, um tipo de incentivo bem parecido ao de Celso Luna, candidato a deputado estadual pelo PSB do Maranhão. Conta Pastor Leandro: "Sim, alguns amigos meus que são prefeitos, que são ex-prefeitos. E eles ficaram felizes, então abraçaram, e isso me incentivou muito mesmo para poder chegar hoje".

Celso Luna recebeu apoio semelhante:

> Vai desde colegas, que eram secretários junto comigo, que achavam que eu devia ser candidato. Inclusive, teve uma discussão sobre se candidato a deputado federal ou estadual. As condições do ambiente político acabaram não permitindo que eu fosse candidato a deputado federal. [...] gente que trabalhava comigo já dizia assim: "Olha, não tem jeito, ficou grande demais o movimento. Agora é a tua hora,

tem de ser candidato". [...] Eu nunca fui candidato, eu nunca fui filiado a nenhum partido.

Por essas declarações, é possível notar que as experiências entre candidatas e candidatos, no que diz respeito aos convites e incentivos, têm diferenças bastante demarcadas. Essas desigualdades acabam surtindo efeito na qualidade das candidaturas femininas, uma vez que, possivelmente, muitas mulheres com vocação, aptidão e que poderiam ser candidatas competitivas nem sequer estão chegando mais perto da política e de uma filiação.

Barrados no baile

Como pesquisadoras de gênero e política, não foram poucas as vezes em que ouvimos o argumento de que o problema que as mulheres candidatas encontram dentro dos partidos é muito parecido com os vividos pelos homens. O fator determinante para essa semelhança seria justamente o fato de que candidatos novatos, independentemente do gênero, ainda detêm pouco poder entre seus pares. Assim, as mulheres sofreriam não por serem mulheres, mas por serem principiantes. Para estabelecer uma comparação, identificamos, nas entrevistas dos homens, como eles se comportam nessa complexa relação.

Os mecanismos que levam à escolha dos partidos são muito parecidos. De início, há os incentivos e convites, como mencionamos. A escolha também pode acontecer antes de se tornarem candidatos, ou seja, a relação se estabelece durante anos de filiação e militância. Há também aqueles que decidem os seus partidos depois do desejo de se candidatar, considerando para tal o alinhamento ideológico e opções disponíveis (por exemplo, se o partido está presente no município). Todos esses processos são parecidos com os vivenciados pelas mulheres.

Valdisnei do Sindicato, candidato a vereador em um município de Minas Gerais, tem uma relação sólida, bem construída, com o partido. Algo que também apareceu nas narrativas das mulheres.

> Eu admiro, admiro não, sou filiado ao PT já há muitos anos. E a gente vem numa crescente. Nunca abandonei. A gente acompanhou a trajetória de Lula, e vem vindo desde 1978. Lembro da primeira vez que vi ele numa assembleia; a gente admirava a pessoa dele. Continuo no partido e não tenho intenção de ficar mudando de partido, nem ficar pulando pra lá e pra cá. É um partido de esquerda, que tem ideias de melhoria da sociedade.

Valdemar Filho, do Republicanos do Paraná, já é bem mais crítico em relação aos partidos, sendo um defensor da mudança do sistema, por achar que todos eles têm problemas muito semelhantes. Mesmo assim, decidido a se candidatar, encontrou um partido para se filiar.

> A gente tem que mudar muita coisa nesse país, começando pelos partidos também. [...] Você não sabe o estresse que dá campanha, um estresse assim... Você é eleito, e o cargo é de quem? Do partido! [...] Se você fizer 300 mil votos, a cadeira continua sendo do partido. Se você tiver que mudar, por não concordar com a ideologia, com a forma de pensar etc., você pode, mas você vai sair e vai deixar a cadeira, porque a cadeira não é tua, a cadeira é do partido, você sai da política. Então, assim, nós temos que brigar por isso.

Diante das dificuldades que possam encontrar nessa relação, os candidatos tendem a tomar decisões estratégicas que possam beneficiá-los – seja pensando no eleitorado, seja pensando em questões de quociente eleitoral. Professor Lair Silva foi uma liderança escolhida pelo seu sindicato de classe. Havia mais de quatro anos ele vinha se preparando para concorrer a uma vaga de vereador no seu município em Mato Grosso. No entanto, ele seria um homem de esquerda, concorrendo em uma cidade bastante tradicional, onde os votos de seus colegas professores não seriam suficientes para elegê-lo. Professor Lair Silva decidiu, então, ser estratégico na escolha do partido.

> Eu sou uma pessoa que tem uma visão política de esquerda, e não é esquerda radical. Infelizmente, a minha cidade é a capital nacional do agronegócio. É conservadora, tradicional, e aqui nós temos muitas dificuldades em trabalhar dentro dos partidos da esquerda. É muito difícil a presidência dos partidos, a montagem das chapas, então, o partido mais próximo da esquerda em que eu me filiei e que eu encontrei foi o Solidariedade. É o partido mais próximo da esquerda com os meus ideais.

Ainda que sejam feitos, também no caso deles, alguns ajustes na relação, comparado à amostra das mulheres entrevistadas, o grupo de homens relata experiências mais positivas com os partidos. Não se sabe se porque essa interação, de fato, é mais tranquila – dado o tempo ou a facilidade da relação entre as lideranças masculinas e os candidatos homens –, ou porque as expectativas dos candidatos são mais baixas que as das candidatas.

Enquanto a maioria delas nos respondeu com um rotundo "não" à pergunta sobre se a relação com os partidos havia sido boa, foram muitos os "sim" nas respostas dos homens. "Sim, nós tivemos sim. Tivemos santinhos, adesivos", disse Valdisnei, com uma longa história com o PT. Foi a mesma a sensação de Manuel Pavão, que acabou de chegar ao partido: "Sim. Deu para suprir o tamanho da minha campanha, deu para contratar o trabalho das pessoas que caminham comigo. Foram três pessoas, a gente conseguiu caminhar legal em alguma medida". E de Lair Silva:

> E estou tendo o auxílio dos advogados. Estou tendo ajuda na parte jurídica, equipe jurídica. Quando eu precisar, porque até então não precisei. Tenho recebido dicas de alguma coisa que eu possa ter falado errado, alguma coisa [em] que eu falhei. Eu já recebo na hora o aviso: "Professor, você fez isso. Retira, modifica isso". Então estou tendo esse apoio.

A percepção dos homens sobre a sua relação com o partido é menos negativa, mesmo quando relatam não ter tido muita ajuda, principalmente financeira. Uma das possibilidades é de que a reserva obrigatória de financiamento para as mulheres tenha criado expectativas entre algumas delas de que haveria maior acesso aos recursos partidários, algo que não está ocorrendo com os candidatos do sexo masculino. Ygor foi um candidato de primeira viagem em Roraima, em 2020, concorrendo a uma vaga de vereador na sua cidade. Ele não recebeu um valor altíssimo, mas, aluno do curso RenovaBR, conseguiu algum apoio financeiro, de cerca de R$ 50 mil.

> Acho que ficou dentro do que eu esperava, eu acho que é o suficiente para fazer a campanha, minha primeira campanha. Eu estou começando com uma estrutura pequena, até porque minha campanha é barata, não é tão cara. Tem vereador aqui que está gastando R$ 2 milhões pra conseguir o mandato.

Sargento Murilo, liderança que incentiva a prática de esportes no Amapá, também teve suas expectativas atendidas: "Foi o que foi combinado. Foi cumprido o combinado. Porque eu já sabia que ia ser isso. Mas é claro que a gente vendo outros candidatos pegando R$ 1 milhão, R$ 2 milhões, a gente fica [meio mal]...".

Mesmo que seja com menor intensidade, entre os relatos, existem, sim, aqueles que se frustraram por não terem conseguido financiamento e pela falta de apoio, como aconteceu com Claudio Beltram, em Goiás. Em 2020, ele se filiou ao PSL, então partido de outros candidatos vitoriosos bolsonaristas, justamente por uma questão estratégica.

> Apesar de ter o segundo maior fundo eleitoral, ele não deu auxílio nenhum para a gente. Então, a gente está fazendo a campanha do bolso mesmo. Tanto é que os meus panfletos e santinhos estão sendo impressos em folha tipo Chamex.

Para os novatos, tanto a relação com as lideranças partidárias quanto com suas colegas mulheres e seus colegas homens parece ocorrer de forma mais suave, dando origem a menos reclamações. Sobre isso, é curioso que os 23 homens que entrevistamos dizem ter uma boa relação com suas colegas mulheres, enquanto as 79 mulheres, com raríssimas exceções, relatam ter uma relação difícil com seus pares homens. Ou seja, é possível que os homens candidatos nem sequer estejam notando o quanto de discriminação em relação às colegas candidatas existe dentro da estrutura partidária.

Enfrentando as ruas (e as redes)

O momento de fazer campanha é aquele em que tanto homens quanto mulheres terão que lidar diretamente com os seus possíveis eleitores. Posto que os diferenciais de gênero são muito presentes nessa etapa, os dois grupos costumam ter vivências que, embora parecidas em alguns aspectos, são bem diferentes em muitos outros.

Ao menos no conjunto das atividades, contudo, mulheres e homens coincidem bastante, realizando reuniões, corpo a corpo, carreatas e *lives* nas redes sociais.

Em geral, os homens recebem um suporte maior na campanha propriamente dita. Na maioria dos relatos, o apoio tem menos a ver com financiamento de campanha e está mais relacionado à manifestação pública das lideranças, algo que as pesquisas apontam como bastante importante para conseguir votos. Este foi o caso de Pastor Cleber, filiado ao Republicanos.

> Sim, recebi. Eu tenho amizade com o presidente do partido no estado do Paraná, que tem sido um grande incentivador. Não que ele seja mais incentivador meu do que de outros, mas ele é um incentivador. Ele fez uma *live* comigo. Se eu convido ele para algum evento, ele vai. Eu acredito que, se os outros pedirem, também receberão a mesma coisa. Mas eu tenho sido alvo desse tipo de apoio. Eu acho que a amizade facilita o contato, mas eu acredito que com os outros, que nem são tão amigos, ele faça a mesma coisa.

Ainda que esse não seja o único caso de apoio de liderança aos candidatos homens, o nível de suporte dado pelas lideranças e relatado por Pastor Cleber pode ser um exemplo menos frequente. No entanto, de nenhuma das 79 candidatas escutamos algo parecido, com uma liderança com tamanha disponibilidade. Possivelmente, por terem redes mais estabelecidas nos partidos, por receberem mais convites, os homens também contam com apoios mais próximos e são mais fortalecidos.

Por outro lado, suas campanhas têm diversos desafios. Eles identificam algumas das dificuldades com as quais se deparam nesse processo. Muitos mencionam, por exemplo, a desigualdade de recursos e a estrutura precária, o que piora quando se comparam aos seus próprios pares. Mesmo com todo o estímulo que tinha para tentar uma vaga e os sonhos de mudar a política, foi algo que Professor Orlando enfrentou na disputa em São Paulo.

> Não ter estrutura. Não ter dinheiro. Porque, por mais que você tenha um grupo de voluntários, as pessoas comem, bebem água, elas precisam se locomover, então, se você tem uma estrutura, fica tudo bem

> mais fácil, você tem o seu material, com a sua cara, a sua identidade. [...] Então, fica difícil por causa disso também. Se eu tivesse a estrutura de um carro de som eu ia para a rua, porque tem mais alcance.

Também no Amapá, Jaderson teve problemas de formação de equipe. Frequentemente, as candidatas se queixaram da combinação de recursos excassos e problemas de falta de profissionalização de quem estava lhes prestando serviço.

> A outra é o tipo de serviço que a gente não encontra no Amapá, por exemplo, para execução das atividades de campanha. O ideal seria eu ter uma empresa especializada, contratar essa empresa, verificar os recursos e apenas fazer o desembolso do fundo de campanha, de acordo com os serviços executados. Aí não teria muita preocupação de ir atrás de fornecedor, de ir atrás de prestadora. [...] A gente precisa de toda essa documentação para prestar conta do recurso, porque é recurso público. [...] Acho que a maior dificuldade é esta, é de gestão dos serviços. Ele é muito pulverizado, muito disperso.

Outro ponto que merece destaque, justamente por sinalizar que talvez, em alguns casos, homens e mulheres novatos estejam enfrentando problemas parecidos nas ruas, é a crítica à compra de votos e ao que eles veem como um "jogo sujo" da política. As histórias contadas pelos homens costumam ser ainda mais explícitas que as vividas pelas mulheres (muitas vezes "poupadas" de alguns temas, também pelo viés de gênero).

Lauro Reis, filho pródigo voltando para sua cidade natal no Acre, depois de ter se formado na universidade, sonhava em transformar a política local. Durante a campanha pelo PDT, ficou apavorado com alguns episódios com os quais deparou.

> [Foi difícil] conseguir ter jogo de cintura em relação ao jogo sujo. Como negociar, oferecerem secretaria para você não sair candidato,

> tentam revirar a vida da pessoa... Enfim, aquela coisa da política. A gente teve uma chapa de vereadores que praticamente foi totalmente comprada, dinheiro mesmo, as pessoas vinham, ofereciam e retiravam [a candidatura].

Isso sem mencionar o caso de compras de votos, que também causou espanto em Daniel Francisco, que disputava uma vaga de vereador em São Paulo (SP) pelo Partido da Mulher Brasileira (PMB).

> É justamente isso que a gente entende como velha política, que essa política que compra votos, que barganha. Eu tive pessoas que, em um primeiro momento, estavam nos apoiando, mas aparecia outro candidato, aí oferecia ali um dinheiro, e essas pessoas foram com ele. E não é uma pessoa só; são várias pessoas! Tem um grupo de pessoas que já se acostumou a ganhar dinheiro apenas nas eleições, então, eles esperam o candidato vir e dar o dinheiro para eles, para eles poderem panfletar, enfim, trabalhar para esse candidato e apoiar e levar os votos para ele.

Essas questões, que candidatos e candidatas relacionam aos vícios da "velha política" parecem comuns a ambos os sexos, ainda que isso possa ser vivido nas campanhas de forma bastante diferente.

Retratos da violência

Como mencionamos no capítulo sobre violência, em termos numéricos e de violência física, os homens são as grandes vítimas no Brasil, uma vez que são eles também que participam em maior número e de forma mais ativa da vida política. Enquanto as mulheres relatam vários casos de violência econômica e simbólica, embora os homens mencionem a desigualdade de acesso a recursos dentro das instâncias partidárias, eles raramente fazem a leitura desse obstáculo por uma lente de violência política.

Em geral, os homens entendem que sofreram menos violência do que as mulheres candidatas. Uma vez que enxergam a política como violenta, não consideram que esses casos podem ser pessoais, ou seja, que sejam especificamente direcionados a eles. Celso Luna, durante sua campanha para deputado estadual em 2022 no Maranhão, na qual também pediu votos para Lula, ouviu poucas e boas.

> Não [sofri violência]. A não ser a própria violência institucional da sociedade. Nem sempre é uma boa caminhada, às vezes o povo xingava, mandava você se lascar, mandava tomar não sei onde, te dava dedo. Faz parte. Não dava. Não dá para achar que vai ser só com flores. Eu era Lula. Tinha gente que era Bolsonaro e mandava a gente para aquele lugar. Paciência...

No entanto, isso pode ser menos uma questão da realidade das suas experiências de campanha e mais do processo de socialização, que, geralmente, condiciona homens a estarem mais expostos à violência. Sendo assim, para eles, admitir ter sofrido violência pode ser visto como algo que arrisca pôr em xeque a própria masculinidade.

Mesmo tendo recebido ameaças de morte, Valdemar Filho, por exemplo, candidato do Republicanos no Paraná, não entende ter sofrido violência, mas considera o que aconteceu com ele como parte do jogo e parcialmente se responsabiliza pelas ameaças, explicando o que poderia ter feito para evitá-las.

> Não, eu fui muito bem recebido. O pessoal aclamava para que eu comparecesse aos lugares, gostavam do jeito que eu falava e me comportava. A minha única questão foi com as pessoas que a gente não conseguiu pagar, então, vieram ameaças de morte. Meu erro foi fazer o pagamento em quatro parcelas e não em duas. [...] Com isso, não

teria tempo hábil para as pessoas macularem a minha vida e a minha postura. Esse foi o nosso erro.

De fato, uma minoria relatou ter sofrido violência; não por acaso, esses relatos foram feitos por homens de grupos marginalizados na política, como é o caso de Pastor Leandro, um homem preto, candidato pelo União Brasil, em São Paulo.

> Durante a campanha, posso dizer assim: sofri, sim, por pessoas que eu não imaginaria, [gente] que não faz parte de política, de nada. A gente estava na rua, e era simplesmente um advogado. Ele falou que, se eu quisesse ir na delegacia, eu podia ir, que ele é advogado, que não ia dar nada para ele. Porque ele me chamou de negro. Então, ficamos muito tristes por isso. Uma pessoa que estudou, se formou para ser doutor, fazer uma coisa dessa. Então fiquei muito chateado com isso.

No caso de Jaderson, pessoa com deficiência, mas também um homem pardo, com ensino superior incompleto, concorrendo a deputado federal pelo PSB, no Amapá, ele passou por um processo de descrédito. Dessa maneira, seria possível classificar o que viveu como uma violência simbólica na política, como descreve:

> Não, eu acho que não. Mas depois, fazendo uma avaliação breve dos resultados, eu soube que houve uma campanha para me descredibilizar, eu não sei se foi dentro do partido, se foi fora, não tive essa informação, mas era pelo fato de eu ter deficiência visual. [...] Quando as pessoas não têm argumento pra te deslegitimar, elas criam situações para tentar descredibilizar por algum tipo de falha, nesse caso, eu digo que a falha é o fato de eu ter deficiência visual e acharem que não vou ter capacidade para cumprir o mandato e representar.

Ainda que possam enfrentar problemas parecidos, ou mesmo de maior intensidade, a violência política parece ser sentida de forma muito mais enfática pelas mulheres.

Ressaca de campanha

Como mostram as pesquisas, uma vez tendo bons resultados eleitorais (mesmo que não vençam), homens e mulheres costumam tentar uma segunda candidatura. Como vimos ao longo deste capítulo, com um suporte partidário que aparenta ser bem mais constante e estruturado, manter essa resiliência tende a ser tarefa menos árdua para os homens que entram para a política.

Manuel Pavão, depois de fazer muitas campanhas para outras pessoas, gostou da experiência. Assim, é bastante enfático sobre sua permanência na política: "Com certeza, digo com todas as palavras, com todas as letras. Vou grafitar bem grande no muro, assim: 'Com certeza'".

Claudio Beltram, depois da experiência frustrada com o financiamento, como muitas mulheres, decidiu pelo caminho da migração partidária. E, caso não consiga, considera até mudar seu domicílio eleitoral.

> Sim [vou me candidatar], mas eu vou mudar de partido. Eu vou procurar um partido que é mais a minha cara. Mudo de munícipio para poder me filiar, ou mesmo mudar de estado, estou perto do Distrito Federal. Aí teria que ver se vou pro DF ou vou continuar aqui em Goiás.

Já em Mato Grosso, Professor Lair Silva, que, durante a campanha estava certo de continuar na política, mas não sabia se pela via eleitoral ou continuando seu trabalho no sindicato com os professores, terminou o processo bastante frustrado.

> Ainda é muito cedo para tomar essa decisão. Mas o tempo dirá. Eu estou me recuperando desse baque desse pleito. Daqui a dois anos, já tem mais uma campanha, a gente vai desenvolvendo. Então eu digo a você: hoje, eu não disputaria. Mas daqui a um ano, dois anos, de repente a gente pode estar mudando a opinião.

Em um mundo tão permeado pelas desigualdades de gênero, seria impossível imaginar que um espaço que envolve tantas dinâmicas de poder, como é o caso da política, não refletiria de forma profunda essas desigualdades. Não há como supor que candidatas e candidatos tenham experiências iguais quando decidem se candidatar, relacionam-se com partido ou com o eleitorado, ou quando fazem uma campanha.

Ao mesmo tempo, é importante chamar a atenção para as etapas e os processos semelhantes que experimentam na condição de candidatos, pois, dessa forma, conseguiremos mapear melhor quais são os componentes de gênero presentes nas diferentes vivências.

Essas comparações breves nos permitiram trazer um pouco das vozes dos homens candidatos. Acreditem ou não, ainda sabemos muito pouco também sobre eles.

9

As eleitas

Como vimos no capítulo 2, o perfil dos candidatos para cargos eletivos no Brasil pouco se parece com o perfil da população. As desigualdades de gênero no âmbito eleitoral são particularmente visíveis: a sub-representação das mulheres se dá em todos os cargos, principalmente quando se trata daqueles considerados pela classe

Figura 8. Percentual de mulheres e homens eleitos nas eleições de 2020 e 2022

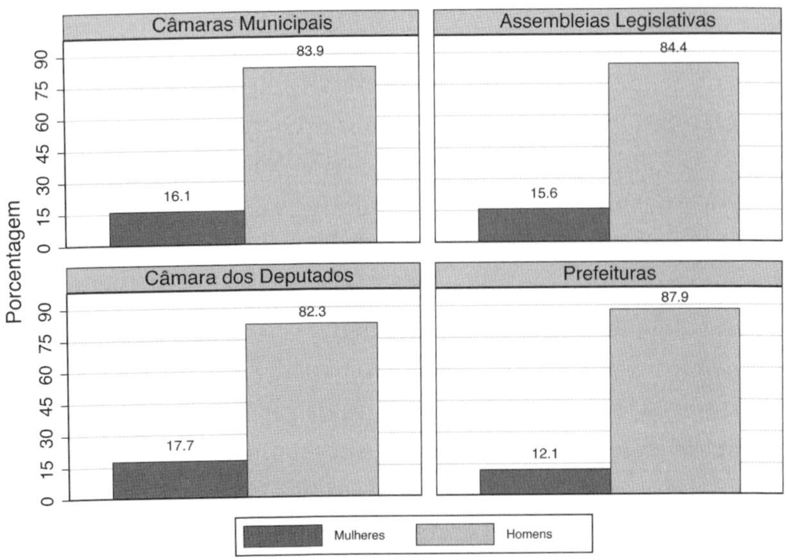

Fonte: Gráfico produzido pelas autoras utilizando dados das eleições de 2020 e 2022 disponibilizados pelo TSE.

política como mais valiosos. Como as experiências das candidatas retratadas neste livro mostram, mesmo quando elas decidem concorrer a um cargo eletivo e conseguem ser nomeadas por um partido, as mulheres ainda encontram uma série de barreiras. Já vimos que, apesar de a taxa de sucesso eleitoral ser baixa tanto para homens quanto para mulheres, na média, é mais difícil para as mulheres serem bem-sucedidas.

De um total de 65.252 pessoas eleitas para as câmaras municipais, assembleias legislativas, Câmara dos Deputados e prefeituras no Brasil, apenas 10.286 (15,8%) são mulheres. A figura 8 mostra o percentual de mulheres e homens eleitos para cada cargo. Apesar de serem mais de 30% dos candidatos nas disputas para as câmaras municipais, assembleias legislativas e Câmara dos Deputados, as mulheres não chegam a ocupar 20% das cadeiras em nenhum desses espaços. Entre os quatro cargos analisados, a maior proporção de mulheres eleitas em 2020 ou 2022 estava na Câmara dos Deputados.

Ao contrário das eleições para essas vagas, para as quais os partidos podem nomear uma longa lista de candidatos, as disputas para as prefeituras são feitas a partir do sistema majoritário – o que significa que cada partido pode nomear apenas um candidato. Uma vez escolhido o nome, o partido tem interesse em investir na campanha, a fim de tornar a candidatura competitiva. Enquanto nas disputas para as câmaras municipais, assembleias legislativas e Câmara dos Deputados as mulheres têm mais espaço como candidatas (muito por conta da cota de gênero) e baixo investimento de campanha (e, portanto, menor competitividade), a lógica se inverte nas disputas para as prefeituras, nas quais o gargalo está em garantir uma candidatura. Dessa maneira, nas disputas para as prefeituras, a baixa representação das mulheres entre os eleitos (12,1%) se dá por causa do baixo percentual de mulheres entre os candidatos. Apesar de continuarem sub-representadas nessas disputas, os resultados das eleições para as prefeituras sugerem algo muito importante: as mulheres são tão competitivas quanto os homens – basta que os partidos invistam nas suas candidaturas.

Agora sabemos que as mulheres eleitas são poucas. Mas quem são elas? Ao longo deste livro, já contamos bastante sobre quem são as candidatas. Neste capítulo final, o foco se voltará para as mulheres que vencem eleições e que, ao conseguir o "poder da caneta", ficam encarregadas de tentar desenvolver, legislar e implementar Brasil afora as agendas pelas quais foram eleitas.

Quem são as eleitas?

Dado que a maior parcela das candidatas que disputam as vagas para as câmaras municipais, assembleias legislativas, Câmara dos Deputados e prefeituras são brancas, não surpreende que a maioria das eleitas para esses cargos também o sejam. Como mostra a figura 9, em todas as comparações que apresentamos, mulheres brancas estão, ao menos, em quase 60% das cadeiras ocupadas por mulheres. Em seguida estão as pardas, depois, as pretas. No caso das mulheres indígenas, um percentual mais expressivo só é notado na Câmara dos Deputados.

Ao comparar o percentual das candidatas por raça/etnia (como vimos no capítulo 2) com a proporção das eleitas em cada perfil, é possível identificar que mulheres brancas têm maior chance de sair vitoriosas. A maior discrepância ocorre na disputa para a Câmara dos Deputados, na qual menos da metade (46,9%) das candidatas mulheres é branca, entretanto, elas compõem quase dois terços (63,7%) das mulheres eleitas. No pleito de 2022, além das brancas, a performance eleitoral das candidatas indígenas para a Câmara dos Deputados também levou a um aumento da proporção desse grupo entre as eleitas: enquanto apenas 0,7% das candidatas mulheres eram indígenas, elas são agora 4,4% das eleitas. Para o mesmo cargo, as mulheres pardas têm uma taxa de sucesso mais baixa: enquanto eram 34,1% das candidatas, são apenas 17,6% das eleitas. A

Figura 9. Percentual de mulheres eleitas por perfil racial/étnico nas eleições de 2020 e 2022

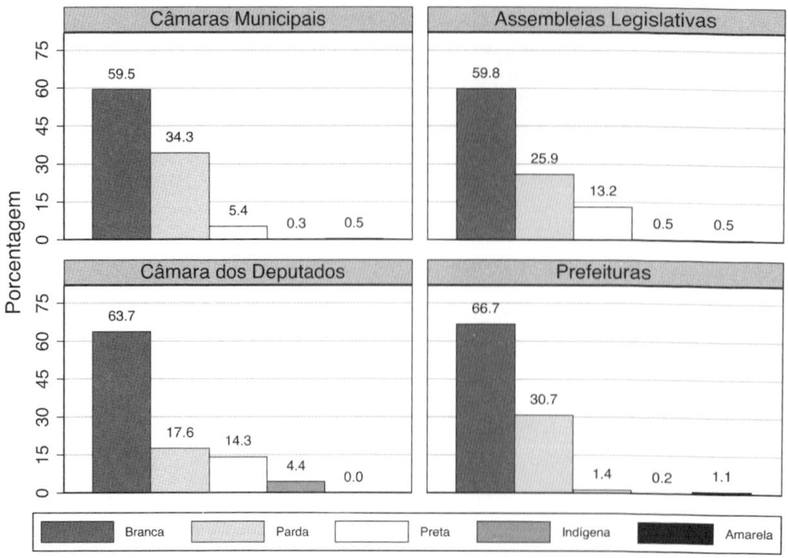

Fonte: Gráfico produzido pelas autoras utilizando dados das eleições de 2020 e 2022 disponibilizados pelo TSE.

proporção das mulheres pretas também cai entre candidatas (17,9%) e eleitas (14,3%), mas não de forma tão drástica.

Padrão similar, no qual as mulheres brancas têm uma taxa de sucesso eleitoral maior do que as mulheres pardas e pretas, é observado nas disputas para as câmaras municipais e assembleias legislativas. A distorção entre a proporção de candidatas e eleitas por grupo racial existe, mas é bem menor nas disputas para as prefeituras: mulheres brancas são 63,7% das candidatas e 66,7% das eleitas, enquanto mulheres pardas e pretas são, respectivamente, 30,4% e 5,1% das candidatas e 30,7% e 1,4% das eleitas. No caso das mulheres pretas que disputam uma vaga de prefeita, a taxa de sucesso é menor, mas, em geral, como vimos anteriormente para esse caso, o

Figura 10. Percentual de mulheres eleitas por perfil etário nas eleições de 2020 e 2022

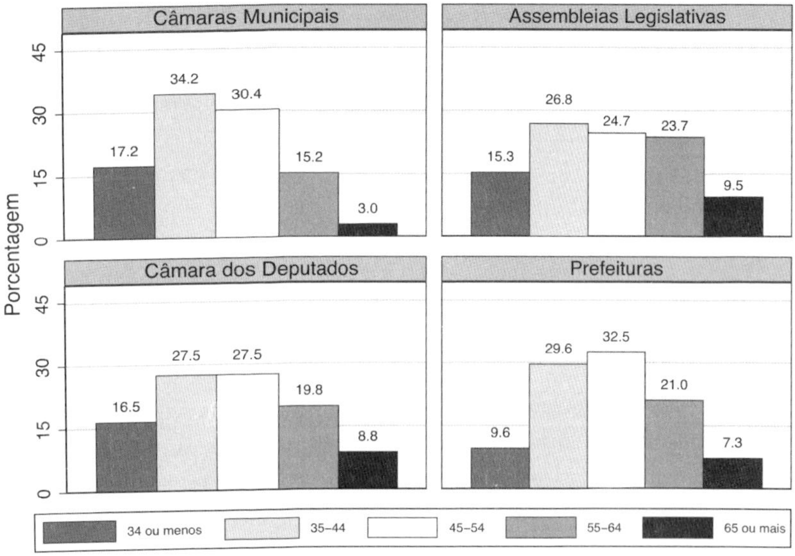

Fonte: Gráfico produzido pelas autoras utilizando dados das eleições de 2020 e 2022 disponibilizados pelo TSE.

gargalo para a maior representação de mulheres é a falta de investimento nas candidaturas. Quando os partidos escolhem investir nas candidaturas femininas, elas têm bastante chance de vencer.

Também vale destacar que o perfil racial das mulheres eleitas para as assembleias legislativas e Câmara dos Deputados é mais diverso que o dos homens eleitos: homens brancos são 65,5% dos deputados estaduais/distritais e 73,9% dos deputados federais (enquanto mulheres brancas são 59,8% e 63,7% entre as eleitas para os mesmos cargos, respectivamente). Esse dado se assemelha a um padrão observado em outros contextos, nos quais as leis de cotas de gênero acabaram por trazer mais diversidade racial entre as mulheres do que entre os homens (Celis et al., 2014b). No caso brasileiro, a lei de cotas, em combinação com as novas regras de financiamento para mulheres e pessoas negras, pode ter incentivado a ocorrência do que chamam "bônus da complementariedade". Ou seja, opta-se por promover dois critérios de diversidade de uma vez – por exemplo, com uma candidata que é mulher e é negra –, o que tende a diminuir os custos para homens brancos (Jensenius, 2016).

Já no quesito idade, não encontramos grandes distorções entre o perfil etário das candidatas e das eleitas. Assim como as candidatas, a maioria das eleitas (para todos os cargos) têm entre 35 e 54 anos, como indica a figura 10. Na média, as mulheres eleitas para as câmaras municipais são mais jovens do que as eleitas para os demais cargos – o que faz sentido, dado que a idade mínima para ocupar esse cargo é 18 anos, enquanto para os outros cargos analisados é 21 anos. Esse também é o caso para os homens eleitos.

Já em relação ao nível de escolaridade, a distorção entre o perfil das candidatas e das eleitas é enorme: enquanto as candidatas com nível superior completo representam 27,3%, 50,7% e 57,3% das concorrentes às câmaras municipais, assembleias legislativas e Câmara dos Deputados, respectivamente, elas são 53,7%, 90,9% e 91,2% das eleitas para os mesmos cargos, como indica a figura 11. Ou seja, a taxa de sucesso eleitoral das mulheres com alta escolaridade é muito maior do que a das mulheres com um nível mais baixo de educação formal.

Como vimos no capítulo 2, as mulheres candidatas às prefeituras são, na média, mais escolarizadas do que os homens. No caso das eleitas, isso se aplica para todos os cargos analisados. Em outras palavras, a proporção de mulheres eleitas altamente escolarizadas é muito maior do que a de homens eleitos. Nas assembleias legislativas e Câmara dos Deputados, mais de 90% das mulheres eleitas

Figura 11. Percentual de mulheres eleitas por perfil de escolaridade nas eleições de 2020 e 2022

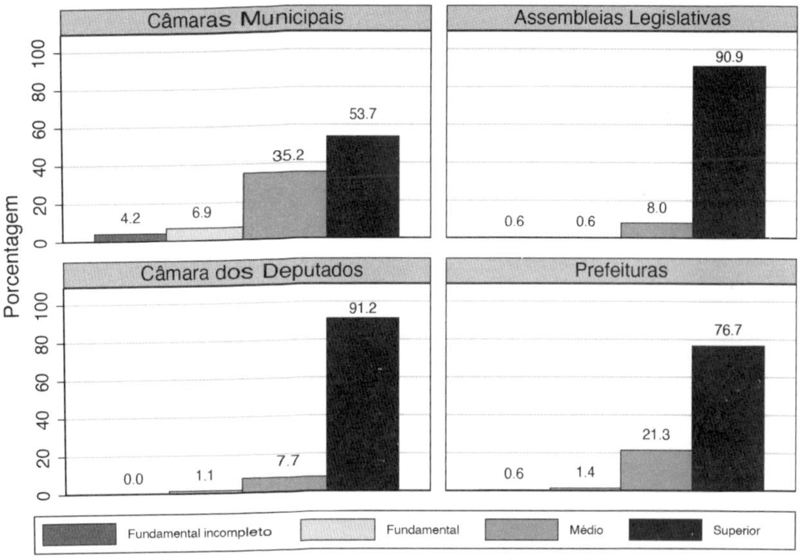

Fonte: Gráfico produzido pelas autoras utilizando dados das eleições de 2020 e 2022 disponibilizados pelo TSE.

completaram o ensino superior, enquanto este é o caso de 75,8% e 80,8% dos homens nos mesmos cargos. Nas disputas locais, a diferença é ainda mais alarmante. Apenas 26,1% dos homens eleitos para as câmaras municipais têm ensino superior completo; comparados a 53,7% das mulheres eleitas (uma diferença de 27,6 pontos percentuais). Nas prefeituras, 56% dos homens e 76,7% das mulheres têm ensino superior completo (uma diferença de mais de 20 pontos percentuais). Esses dados reforçam a ideia de que as mulheres que conseguem, de fato, participar da política institucional têm um perfil bastante diferente do dos homens: elas têm de se mostrar muito mais preparadas do que eles para conseguir uma vaga.

Por isso, quando cotas de gênero são eficazes em eleger mais mulheres, o nível de preparo dos eleitos tende a aumentar – com homens menos preparados substituídos por mulheres mais escolarizadas, resultado que Besley e coautores chamam de "a crise dos homens medíocres" (Besley et al., 2017). Esse resultado, encontrado em diversos contextos (Catalano Weeks & Baldez, 2014; Júlio & Tavares, 2017), demonstra que são infundadas as críticas de que as leis de cotas comprometem a qualidade dos candidatos e dos eleitos.

Outra característica discrepante entre homens e mulheres, a qual discutimos anteriormente, é o estado civil. Como já vimos, um percentual mais alto de homens do que de mulheres candidatos é casado – principalmente na disputa para a Câmara dos Deputados.

Figura 12. Percentual de mulheres eleitas por perfil de estado civil nas eleições de 2020 e 2022

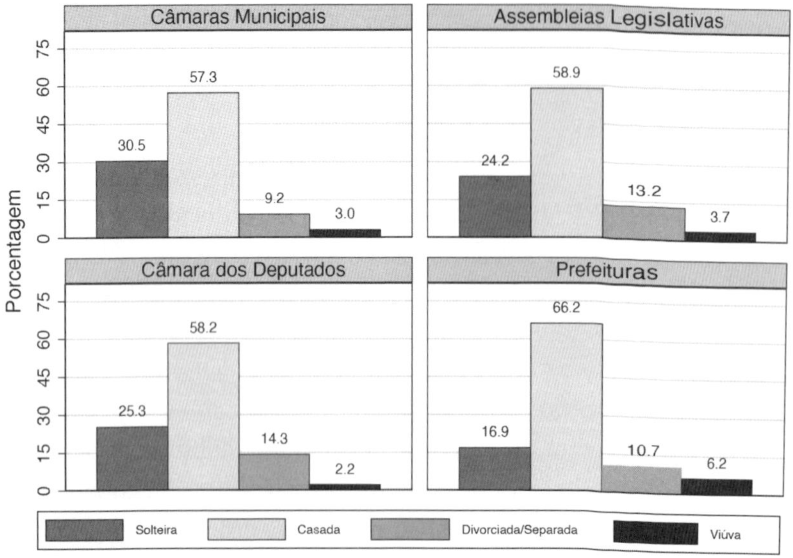

Fonte: Gráfico produzido pelas autoras utilizando dados das eleições de 2020 e 2022 disponibilizados pelo TSE.

Esse também é o caso entre os eleitos (ver figura 12). Por exemplo, 73% dos deputados federais homens são casados, enquanto este é o caso de 58,2% das mulheres no mesmo cargo. No entanto, vale destacar que a proporção de casadas entre as eleitas é muito maior do que entre as candidatas. Ainda que a maioria das candidatas seja solteira, viúva ou divorciada (exceto no caso das eleições para prefeituras), as mulheres casadas têm uma taxa mais alta de sucesso eleitoral do que mulheres com outros estados civis.

No que concerne à ideologia, uma grande proporção de candidatas compete por partidos de direita. Juntas, mulheres filiadas a partidos de centro-direita e direita são a maioria entre as eleitas para todos os cargos analisados. Mulheres com esse perfil tiveram

Figura 13. Percentual de mulheres eleitas por perfil ideológico dos seus partidos nas eleições de 2020 e 2022

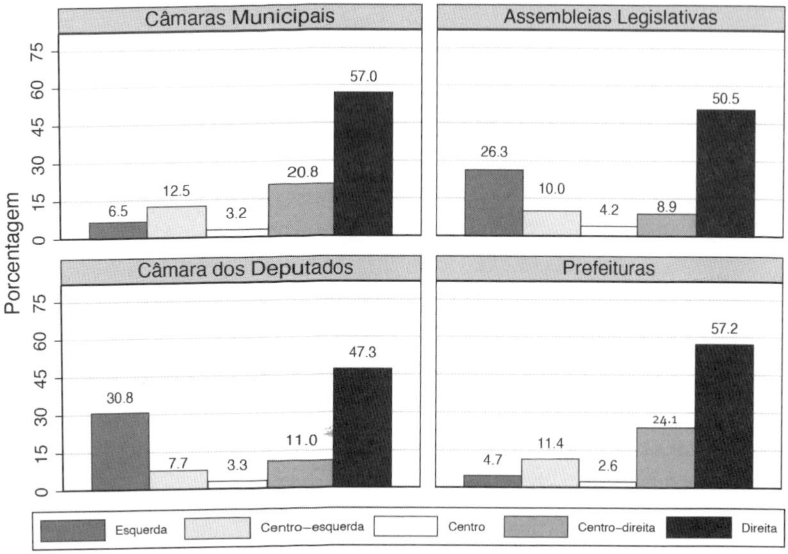

Fonte: Gráfico produzido pelas autoras utilizando dados das eleições de 2020 e 2022 disponibilizados pelo TSE.

uma maior taxa de sucesso principalmente nas disputas para as prefeituras e câmaras municipais, como indica a figura 13.

Vale destacar que os dados analisados são das eleições municipais de 2020, que ocorreram durante o governo do então presidente Jair Bolsonaro (eleito em 2018). A orientação ideológica do governante pode ter, portanto, dado vantagem a candidatos com o seu perfil ideológico. Já nas eleições nacionais de 2022, que elegeram o presidente Lula, tanto as mulheres de partidos de direita, quanto aquelas filiadas a partidos de esquerda – como o do candidato eleito à presidência – tiveram taxas mais altas de sucesso. Ainda que o percentual de mulheres eleitas deputadas estaduais e federais por partidos de esquerda tenha sido menor do que as eleitas por partidos de direita, as candidatas de esquerda tiveram taxa de sucesso mais alta: elas correspondiam somente a 9,8% e 10% do total das candidaturas de mulheres às assembleias legislativas e Câmara dos Deputados, mas foram eleitas para ocupar 26,3% e 30,8% das vagas.

Os números apresentados até aqui ajudam a informar um pouco mais sobre o perfil das mulheres que, passadas todas as etapas anteriores, conseguem finalmente realizar o sonho de ocupar uma cadeira própria. Em geral, podemos afirmar que as que se elegem são, em média, proporcionalmente mais brancas que as que se candidatam; também são mais casadas que solteiras e divorciadas. Além disso, costumam ter níveis de escolaridade bastante altos, sobretudo mais altos que os dos homens. Assim como as candidatas, a maioria das eleitas têm entre 35 e 54 anos e está filiada a partidos de direita.

Mas, como vimos, as mulheres eleitas têm características – e, portanto, vivências – plurais. Mesmo sendo um grupo tão heterogêneo, as experiências das mulheres durante os seus mandatos ainda são permeadas por vieses de gênero. Muitas vezes, esses vieses significam desafios duros – ou mesmo intransponíveis – que terão de enfrentar já ocupando um cargo.

O que vem depois da eleição?

A vereadora Marielle Franco, eleita em 2016 com 46.502 votos pelo Psol, subiu à tribuna da Câmara de Vereadores do Rio de Janeiro para celebrar o Dia Internacional da Mulher. Começou lembrando o dia 8 de março e as marcas da resistência histórica das mulheres. Falou especificamente das lutas travadas por indígenas e negras e da importância de se buscarem as agendas em comum. Nos 20 minutos que tinha disponíveis, prosseguiu seu discurso destacando números de feminicídio no Brasil. Os altos índices de violência contra as mulheres foram a tônica de sua fala: "Que nós possamos viver, viver com respeito a todas, cada uma com seus corpos, cada uma à sua maneira, na sua forma de resistência".

No sétimo minuto de seu discurso, ao ouvir um homem defendendo a ditadura entre os presentes, bradou: "Não serei interrompida, não aturo o interrompimento dos vereadores desta casa, não aturarei de um cidadão que vem aqui e não sabe ouvir a posição de uma mulher eleita, presidente da comissão da mulher desta casa!". E completou: "Nós somos violadas e violentadas há muito tempo. Vai ter que aturar mulher negra, trans, lésbica ocupando diversidade nos espaços!".

Menos de uma semana depois de Marielle Franco proferir o discurso que viraria um manifesto, treze tiros à queima roupa foram a ela direcionados. A vereadora foi assassinada dentro de seu carro, com seu motorista, Anderson Gomes, sem nenhuma chance de sobrevivência. Foram necessários seis anos para que o crime começasse a ser elucidado.

O assassinato da vereadora Marielle Franco foi o caso mais extremo de violência vivido por uma mulher representante política no Brasil nas últimas décadas. Antes dela, em outubro de 1999, Dorcelina de Oliveira Folador, prefeita da pequena cidade de Mundo Novo, na fronteira sul de Mato Grosso do Sul com o Paraguai, fora também assassinada ao denunciar um grupo criminoso que tentava controlar a política local.

Violências como essas – brutais e irreversíveis – não são uma constante na história das mulheres na política no Brasil, porém, outros tipos de violência, em espaços que carregam em si altas doses de machismo e racismo, como ser interrompida durante um discurso, passaram a ser cotidianos para aquelas que ocupam uma vaga de representante.

Não é nosso objetivo neste livro analisar todos os vieses de gênero que as mulheres enfrentam quando assumem os seus cargos, mas vale a pena mencionar algumas das experiências que elas costumam ter e o que fazem depois que chegam ao poder.

Como o caso de Marielle durante a sessão plenária elucida, as dificuldades com que as mulheres se deparam no contato com as lideranças partidárias e outros homens na política não se restringem ao período de campanha. Muito pelo contrário. Além de serem mais interrompidas pelos seus próprios colegas de partido, sobretudo quando são líderes (Izumi & Thomé, 2025), uma vez eleitas, as mulheres também sofrem outros tipos de preconceito relacionados a gênero.

A violência física com cunho sexual é uma delas. Um exemplo eloquente desse tipo de violência foi vivido pela deputada estadual Isa Penna, na Assembleia Legislativa de São Paulo. Em dezembro de 2020, durante a sessão de votação do orçamento do estado, Isa Penna (PCdoB) se encaminhou até a mesa diretora para tirar uma dúvida. No momento em que lá estava, foi abraçada por trás pelo também deputado Fernando Cury (Cidadania). Ao enlaçar de forma desrespeitosa a cintura da colega Isa Penna, Fernando Cury passou também a mão nos seios da deputada. O assédio ficou evidente na mesma hora (e pode ser visto na gravação em vídeo da sessão), tanto que a deputada imediatamente empurra Cury. Ao denunciá-lo formalmente por importunação sexual, passou a receber uma série de ameaças de morte, entre elas um e-mail, em que o agressor anônimo ameaçava "golpear seu crânio com um martelo ordinário" e estuprá-la. Mesmo diante dessas ameaças, foram necessários 16 meses para que a Assembleia Legislativa de São Paulo punisse o deputado, aprovando, de forma inédita, o seu afastamento por seis meses.

Ameaças de outros tipos de violência física também são recorrentes; assim como ocorre com as candidatas, os alvos são, frequentemente, mulheres de grupos que enfrentam ainda mais discriminação na política, como pessoas negras e trans. A deputada federal Erika Hilton (Psol-SP), que combina ambas as características, na época em que era vereadora da cidade de São Paulo, registrou um boletim de ocorrência após ser perseguida por um homem dentro da Câmara. Ela chegou também a protocolar uma ação contra 50 pessoas suspeitas de lhe fazerem ameaças transfóbicas e racistas. A vereadora Benny Briolly (Psol), de Niterói (RJ), teve que se afastar por alguns meses do Brasil por conta das ameaças de morte que vinha recebendo. As violências começaram ainda na campanha eleitoral, e, mesmo eleita em novembro de 2020, ela continuou a ser atacada, com uma série de ameaças de agressão física. Assim como Erika Hilton, Benny Briolly é uma mulher preta e trans.

Para além de terem que lidar com violências provindas de colegas de trabalho e de outros atores, as mulheres eleitas têm que navegar em instituições que não foram feitas para elas. Um exemplo nítido disso é que, até 2015, não existia banheiro feminino no plenário do Senado Federal. Ou seja, a instituição passou 55 anos sem ter um banheiro para as mulheres – fato bem ilustrativo de que a política não foi desenhada para elas. Enquanto os homens seguiam fazendo política muito antes disso, o direito à licença-maternidade para as parlamentares só foi instituído no período de redemocratização. Mesmo assim, até 2021, a Câmara dos Deputados registrava como "ausentes" as mulheres deputadas que estavam em período de licença-maternidade. Quando retornam da licença, a jornada de trabalho irregular – sem horário fixo e com sessões plenárias que muitas vezes se estendem noite afora – também dificulta a vida dessas mulheres com responsabilidades de cuidado. A deputada federal Brunny Gomes, que teve um bebê em 2018, durante o último ano do seu mandato pelo PTC de Minas Gerais, relata que a falta de horário fixo de trabalho a levou a ter três babás, para que alguém pudesse estar com o seu filho inclusive durante as votações de madrugada (Mendonça, 2022). São muitos os exemplos de como os espaços da política ainda são desenhados por e para os homens.

Mas, contra quase tudo e quase todos, as mulheres seguem trabalhando em suas funções de representantes políticas. E como trabalham! Isso apesar de geralmente terem – por questões sociais de expectativas de cuidado – mais responsabilidades domésticas do que os homens. Tanto na Câmara dos Deputados quanto no Senado, elas têm uma taxa de sucesso mais alta em aprovar projetos de lei (Amaral & Nascimento, 2021; Scheidweiler, Oliveira & Sousa, 2023). A boa performance das mulheres legisladoras tem sido destaque. Por exemplo, na premiação de 2023 da organização Congresso em Foco, que homenageia os parlamentares que mais se destacaram naquele ano, as mulheres ficaram em primeiro lugar em metade das categorias e receberam 42% de todos os prêmios distribuídos. E quem levou os dois prêmios de melhor parlamentar em cada uma das casas do Congresso Nacional foram mulheres: Sâmia Bonfim (Psol-SP), na Câmara dos Deputados, e Eliziane Gama (PSD-MA), no Senado Federal. As duas deputadas trans, Erika Hilton (Psol-SP) e Duda Salabert (PDT-MG), também foram premiadas. A premiação ainda honrou Luiza Erundina (Psol-SP), a única parlamentar reconhecida em todas as edições do Prêmio (Lemos & Lins, 2023). Esses destaques são impressionantes, dado que elas ocupam apenas 17,7% dos assentos na Câmara dos Deputados e 18,5% no Senado.

Ao comparar o que fazem mulheres e homens durante os seus mandatos nas prefeituras, alguns estudos também sugerem que mulheres são melhores gestoras que os homens – o que reforça vieses positivos de parte do eleitorado de que mulheres são líderes que se preocupam mais com a população, sobretudo ao focar seus esforços em saúde e educação. No entanto, é importante interpretar essas pesquisas com cautela: como vimos anteriormente neste capítulo, as mulheres eleitas não têm necessariamente um perfil semelhante aos homens eleitos; isso ocorre, inclusive, em uma categoria que pode estar diretamente relacionada a sua capacidade de gestão: o nível de escolaridade. Ou seja, é muito provável que as mulheres eleitas sejam melhores gestoras do que os homens não por elas serem mulheres, mas porque aquelas que conseguem alcançar um cargo eletivo tendem a ser muito mais bem preparadas do que os homens eleitos (Marshall, 2022).

Mesmo não podendo afirmar que é o seu gênero que faz das mulheres melhores gestoras que os homens, gênero parece, sim, importar em outra área: no avanço de temáticas consideradas favoráveis aos direitos da mulher, o que Pitkin chama de "representação substantiva" (Pitkin, 1967). Ainda que avaliar em que consistem os "interesses das mulheres" seja uma tarefa difícil – já que, assim como os homens, as mulheres são um grupo plural, com posicionamentos ideológicos e preferências diversas (Celis et al., 2008, 2014a) –, estudos mostram que as legisladoras brasileiras tendem a ser mais ativas do que os homens em apresentar projetos de lei e votar a favor de pautas relacionadas à igualdade de gênero (Sanchez, 2017).

Como mostramos, por exemplo, em um estudo que realizamos sobre reformas eleitorais pró-diversidade na Legislatura de 2018-2022, 27% das deputadas e senadoras apresentaram pelo menos um projeto de lei com o objetivo de promover mais diversidade na política. Entre os homens, apenas 9% apresentaram projetos parecidos (Gatto & Thomé, 2023). Mesmo quando se engajam no tema, eles costumam apresentar projetos de lei mais fracos – e, portanto, que tendem a ter um impacto menor em promover igualdade de gênero e maior diversidade (Gatto, 2016). Não por acaso, foi a então deputada federal Marta Suplicy que, em 1995, trouxe e liderou a pauta das cotas de gênero para o Brasil (Suplicy, 1996).

Consolidando-se durante a Assembleia Nacional Constituinte de 1987, a bancada feminina da Câmara dos Deputados, que reúne as eleitas de todos os partidos, tem sido um importante espaço para fortalecer o trabalho das mulheres eleitas para essa casa. No Senado, somente em 2021 foi também criada uma bancada feminina.

Por meio da Bancada Feminina da Câmara dos Deputados, as parlamentares trabalham juntas para fazer avançar pautas relacionadas às desigualdades de gênero. Considerando apenas a legislatura de 2019 a 2022, a bancada feminina – composta por 77 deputadas – apresentou mais de 200 projetos de lei com foco nos direitos da mulher, 78 dos quais foram aprovados. Entre estes últimos, estão leis que visam promover e aprimorar a implementação da Lei Maria da Penha, de combate à violência contra a mulher (Bittar, 2022).

Quando ocupam um cargo no Executivo, as mulheres brasileiras também trabalham para promover maior igualdade de gênero. Apesar das restrições impostas pelas dinâmicas das relações entre o Executivo e o Legislativo e da necessidade de distribuir pastas para outros partidos da coalizão, Dilma Rousseff foi a presidente que nomeou a maior proporção de mulheres para os ministérios (Gatto, Dos Santos & Wylie, 2022). Nas prefeituras, as mulheres eleitas também tentam avançar a representação substantiva, investindo mais do que os prefeitos homens em áreas consideradas "femininas", ou seja, de cuidado, como educação, saúde e assistência social (Funk & Philips, 2019).

Mesmo sendo poucas, são algumas as candidatas que, dando sangue, suor e lágrimas, conseguem uma cadeira. Porém, a trajetória das mulheres da política não se dá por completa nesta ocasião, quando são eleitas. Ao contrário, de certa forma, os momentos mais importantes estão apenas começando...

10

Considerações finais

Terminar este livro não foi fácil. Isso porque tivemos pela frente desafios muito parecidos com os de nossas candidatas. Em algum momento, nos demos conta de que não dispúnhamos de mais tempo que o de uma campanha para escrever o resultado de quatro anos de pesquisa: em três meses, precisávamos sistematizar 188 entrevistas, categorizá-las e redigir as informações que vocês conheceram nestas páginas. Em meio a esse processo, assim como Áurea Carolina, Malu teve um bebê, com todas as demandas que isso envolve. Assim como Anna Salomão – e tantas outras candidatas deste livro –, Débora teve picos de exaustão que quase a levaram ao hospital.

Também não foi simples, a partir da categorização das perguntas presentes nas entrevistas, ter certeza de que havíamos sido fiéis à miríade de vozes, histórias, trajetórias que ouvimos e conhecemos ao longo desta pesquisa. Como eram muitas mulheres diferentes, com perfis, ideologias, partidos e oriundas de diversos lugares (o que foi nosso objetivo desde o começo), tentamos, ao longo de todo o livro, encontrar os padrões e semelhanças para, ao apresentar o retrato, sermos o mais fidedignas possível quanto aos aspectos em que se parecem e àqueles em que destoam. De um modo geral, como cientistas políticas, procuramos estabelecer um diálogo permanente com as evidências já conhecidas, dando sempre maior enfoque aos padrões. Nossa ideia era entender quem, afinal, são essas candidatas e que fatos têm para nos contar que ainda não estão suficientemente narrados e sistematizados pelos trabalhos que buscam delinear o papel da mulher na política. Isso lembrando que, neste canto de mundo, até 2024, mulheres ainda eram 17,7% daquelas que ocupam as cadeiras na Câmara dos Deputados. O pior país das Américas, atrás apenas de Belize.

Assim como as 79 candidatas, chegamos ambas vivas ao final, mesmo que bastante cansadas. Mas, a partir dessa experiência, foi mais fácil compreender tudo o que elas nos contaram; e como deve ser difícil todo o processo eleitoral, o qual atravessam cheias de coragem. A começar pela decisão de se candidatar, a conciliação familiar, passando pela busca de um partido, o contato com o eleitorado, a violência enfrentada nas ruas e a força para seguir – seja após uma vitória ou uma derrota.

Ao fim e ao cabo, acreditamos que, em larga medida, conseguimos trazer algumas dessas histórias. Também consideramos que foi possível estabelecer um diálogo com as pesquisas em ciência política, apresentando várias análises e reflexões sobre como as mulheres sobrevivem e mantêm a sua resiliência, mesmo em meio a um ambiente que elas mesmas reconhecem como muito hostil e cheio de obstáculos.

Afinal, o que contam as candidatas?

Como mencionamos no começo do livro, a nossa amostra foi escolhida a dedo, ou seja, pelos relatos apresentados aqui, ela não pode ser considerada fielmente representativa do conjunto das mais de 182 mil mulheres que se candidataram nas eleições municipais de 2020 ou das cerca de 9.350 que se candidataram às assembleias legislativas ou Câmara dos Deputados em 2022. Ainda assim, a forma repetida como alguns temas aparecem nas suas falas nos permite identificar alguns padrões que podem ajudar a abrir caminhos para agendas de pesquisa futuras.

Antes de chegar às entrevistas, começando pelos dados do TSE, soubemos por eles que as candidatas são uma minoria, alcançando, no máximo, 35% do total de candidatos, como é o caso da Câmara dos Deputados. Mulheres candidatas, em geral, não são casadas (exceto as que concorrem a uma vaga de prefeita), estão em idade mediana, geralmente são bastante instruídas, sobretudo quando se trata daquelas que estão disputando uma vaga para as prefeituras, as quais são muito mais instruídas do que os homens concorrendo ao mesmo cargo. Atualmente, a maioria das candidatas é negra (incluindo pretas e pardas), o que não se reflete no sucesso que obtêm na busca por uma vaga, uma vez que a maioria das eleitas é branca. No que diz respeito ao posicionamento ideológico, repetindo a própria proporção do total de candidaturas, a maioria delas está filiada a um partido de direita.

Especificamente no que diz respeito a esse grupo de candidatas que foram entrevistadas em profundidade para a pesquisa, identificamos que elas decidem se candidatar por alguns motivos; determinadas razões estão relacionadas somente a elas mesmas; outras, partem de terceiros. Entre elas, estão a percepção de que têm uma vocação; os incentivos e convites que, em casos específicos, recebem para concorrer a um cargo eletivo; a vontade de transformar a política, entendendo que elas podem fazer melhor do que é feito hoje (seja por serem mais honestas ou por alguma capacidade específica), ou a necessidade de maior representatividade. No caso deste último aspecto, o fortalecimento, nos anos recentes, de agendas como as do movimento feminista e do movimento negro acabou fazendo com que essa motivação ganhasse mais destaque. Como lideranças em suas próprias comunidades, elas querem ser quem leva adiante a mudança que entendem ser necessária. Querem o "poder da caneta".

Ao trazermos o mapeamento dessa sua ambição política nascente, algo pouquíssimo conhecido no Brasil, consideramos que abrimos uma janela para uma série de perguntas e pesquisas que podem ser mais investigadas, ajudando a entender as "perdas" que ocorrem nessa fase. Ou seja, antes mesmo de elas se candidatarem, o que ocorre com as mulheres? Por que aquelas que poderiam se tornar candidatas bastante competitivas não estão decidindo participar da disputa eleitoral? Por que os partidos não as estão convidando mais? Por que não estão se filiando? Essas são perguntas possíveis para aprofundamento da questão. Esperamos que quem leia este livro se sinta instigado a buscar mais respostas para tal.

Um segundo momento que analisamos é a relação com o partido. Ainda que, em teoria, no mundo institucionalista, as pessoas devessem seguir a trajetória de se filiar a um partido, fazer parte de um projeto político e, só depois, integrar uma chapa, resultado de uma decisão conjunta partidária, na prática, muitas vezes, as mulheres decidem se candidatar e, só depois, vão em busca de um partido que aceite abrigar e apoiar a sua candidatura. Em decorrência das cotas, muitos são os partidos que recrutam candidatas apenas para completar suas listas, o que também muda a dinâmica ideal descrita anteriormente. Seja como for, a relação com os partidos é sempre bastante difícil, sendo um dos maiores obstáculos que elas entendem enfrentar durante as suas trajetórias políticas. Esse tema vem sendo bastante explorado pela literatura sobre o institucionalismo feminista, como forma de identificar de que maneira os vieses das instituições – inicialmente entendidas como neutras – podem ter impacto na maneira como as mulheres vivem o ambiente partidário, sobretudo em relação a como dialogam com as lideranças, as quais têm o controle dos recursos. No capítulo em que tratamos do tema, exploramos a escolha dos seus partidos, essa relação e a negociação para obtenção dos recursos.

Sendo já sabido que o financiamento de campanha e o apoio das lideranças são parte fundamental para a possibilidade de as candidatas serem eleitas, o fato de que elas relatem enorme dificuldade em ter acesso a esses recursos mostra o quanto a dura relação que estabelecem com os partidos – para além do cansaço em si – é, na prática, quase impeditiva das chances de terem sucesso eleitoral. Sobre isso, entendemos que é um campo já aberto, mas ainda com muitos caminhos para a pesquisa. Perguntas possíveis a serem respondidas seriam: a estratégia de procurar o partido por último, após já ter decidido se candidatar, cria tensão na relação das mulheres com as agremiações ou dificulta seu acesso a recursos? A dificuldade das mulheres em acessar recursos e apoio é maior que a dos homens com trajetória similar, ou reflete o fato de serem novatas na política e, por isso, terem de pagar uma espécie de "pedágio"?

No decorrer do livro, tivemos outra preocupação: a de entender como, uma vez filiadas e candidatas, essas mulheres (sobre)vivem os cerca de 50 dias que duram as suas campanhas. Isso considerando que o eleitorado, pelo voto, tem o controle de quais serão as pessoas escolhidas como representantes. Em grupos focais e pesquisas de opinião, são muito fortes as evidências de que o eleitor está disposto – mais que isso, interessado – em votar em mulheres, assim como em pessoas negras. Quanto aos motivos, no caso do voto em mulheres, muitas vezes a explicação está baseada numa série de estereótipos: vários eleitores alegam que gostariam de votar em mulheres pois são elas menos corruptas, ou mais preocupadas com os cuidados – percepções para as quais existem poucas evidências nos estudos. O que sabemos, porém, é que, embora sejam muitos os que dizem que prefeririam votar em mulheres e em pessoas negras, como diz o ditado, "na prática, a teoria é outra", afinal, menos mulheres que homens e menos negros que brancos recebem votos.

Para entender o processo por que passaram as candidatas durante as suas campanhas, apresentamos quais são as suas principais estratégias para conquistar o eleitorado. Por suas vozes, pudemos entender que, geralmente dispondo de poucos recursos, elas recorrem a um repertório enorme de atividades, o que requer jogo de cintura e criatividade. Nessa interação, precisam ajustar as expectativas do eleitorado, ainda muito acostumado a dinâmicas clientelistas e de compra de votos. Nem sempre uma campanha funciona, mas, quando dá certo, ela as ajuda a ganhar capital político para eleições futuras. Seus relatos trazem novos elementos para os debates de comportamento eleitoral. Isso porque muitos desses estudos focam os eleitores, mas pouco se sabe sobre como os candidatos vivenciam o processo. Aqui, tentamos trazer o outro lado da presença nas ruas, e esse contato que se dá com os eleitores. O relato das candidatas abre oportunidades para entender (in)congruências de perspectivas e expectativas sobre campanhas.

Ainda sobre a campanha, quando elaboramos este livro, tínhamos previsto que a violência política de gênero, tema bastante em voga neste momento, seria parte do capítulo em que tratamos da campanha nas ruas e nas redes. Entretanto, ao longo da análise dos discursos e da escrita, nos demos conta de que, considerando o quanto a violência política de gênero era enfatizada pelas candidatas, o assunto merecia um capítulo próprio. Pela sistematização de suas respostas às entrevistas, foi possível identificar que, no Brasil, a violência política passou a integrar o léxico das candidatas, sobretudo no que diz respeito a dois tipos: a violência econômica e a simbólica. Candidatas trazem diversas histórias sobre a violência que sofrem partindo dos próprios correligionários e partidos. Isso ocorre de forma repetitiva e enfática. Nos últimos anos, porém, os relatos de ameaça física se intensificaram, o que sugere que este será um desafio com o qual teremos que lidar de forma mais incisiva nos próximos tempos. Isso apesar das leis já existentes, que tentam reduzir a incidência de violência política.

Chamamos particularmente a atenção para o fato de que, ao identificarem a política como um ambiente de ameaça à sua integridade física, potenciais candidatas podem estar desistindo de seguir esta carreira, ou preferindo deixar o cargo durante ou uma vez terminado o mandato. Isso significa que há uma perda de mulheres representantes no processo, dificultando ainda mais a existência de candidatas competitivas. Dado esse cenário, portanto, novas pesquisas devem investigar não apenas se representantes e candidatas estão sendo vítimas de violência política, mas, sobretudo, mapear quais violências as vitimam e o impacto dessa sensação de vulnerabilidade nas suas carreiras políticas. Esse será um tema imprescindível para os próximos anos.

Por fim, observando as trajetórias, discorremos sobre um tema que consideramos merecer muita atenção e que está diretamente relacionado ao ponto anterior destacado: a resiliência das candidatas. Sendo o sucesso eleitoral algo muito pouco provável (no caso de deputadas federais, por exemplo, apenas se elegem 2,5% das que se candidatam) e que costuma demorar algum tempo, a capacidade das mulheres de resistir às derrotas ajuda a explicar também como elas podem persistir no caminho da política institucional. Uma vez que há um grande aprendizado no processo, se elas desistem, isso pode significar perder alguém que já entendeu como é se filiar, o que é melhor fazer ao longo de uma campanha e como se relacionar melhor com o partido, bem como enfrentar as ameaças da violência política. Quanto maior a capacidade de algumas candidatas de tolerar e aprender ao longo dos pleitos, maior tendem a ser as suas chances de vitória.

A reflexão sobre resiliência permite entender melhor uma etapa pouco estudada não somente no que diz respeito às candidatas, mas também às mulheres eleitas. De alguma maneira, fazemos retratos de como elas chegam lá e sobre o que acontece durante os seus mandatos, mas temos menos informações e dados sobre as carreiras dessas mulheres no que concerne à persistência daquelas que nunca foram eleitas e das que já ocupam um cargo (isso apesar da existência dos muitos estudos que tentam mapear a reeleição no Brasil como um fenômeno "neutro" do ponto de vista de gênero).

O que tem de gênero nas desigualdades

Um ponto que também nos chamou a atenção enquanto escrevíamos o livro, e que certamente merece ser aprofundado em pesquisas futuras, é o quanto gênero – no caso, ser mulher – explica alguns dos desafios que as candidatas enfrentaram. Ao comparar a narrativa delas com a dos homens novatos também entrevistados, o que percebemos é que, em alguns casos, a difícil relação com os partidos ou com o eleitorado pode estar mais relacionada à própria inexperiência da vida na política institucional que efetivamente à desigualdade de gênero.

Explicando melhor: por exemplo, tanto as mulheres quanto os homens têm a percepção de que precisam se relacionar com lideranças partidárias que não têm muito interesse em suas candidaturas. Também os homens novatos reclamam que a lógica da política tradicional estimula a compra de votos, o que os prejudica, dificultando suas chances de conseguir uma vaga como representantes.

Por outro lado, quanto à violência política, muito mais mulheres que homens contam se sentirem vulneráveis; e são poucos os relatos deles de violência simbólica, como o descrédito que frequentemente aparece nas narrativas delas.

Esmiuçar como esses movimentos ocorrem no processo de candidatura, conseguindo fazer a diferenciação entre homens e mulheres, candidatos com mais ou menos experiência, pode ajudar a entender o que há de gênero no fenômeno, explicando qual parte da desigualdade é constituída efetivamente pela diferença existente entre o poder de homens e de mulheres na sociedade.

E elas persistem

Iniciamos este livro com dois grandes propósitos. O primeiro deles, mais amplo, era dar voz às candidatas, um grupo de mulheres na política menos conhecido no Brasil. Uma vez que elas integram etapas anteriores à eleição, foco da maioria dos estudos, sabíamos pouco sobre seus perfis, suas preferências e estratégias. Assim, nos permitimos passear por histórias e trajetórias, as quais apresentamos a vocês em diálogo com as pesquisas da ciência política.

O segundo objetivo era entender por que e como, apesar de tudo, elas decidem se candidatar e continuar na política. Não estamos certas de que chegamos a alguma resposta definitiva sobre essa pergunta, mas acreditamos que os exemplos aqui reunidos podem ajudar nessa reflexão. Eles também permitem que, como sociedade, tenhamos pistas sobre o que é preciso fazer – decisões a serem tomadas, mudanças nas regras – para que mais mulheres no Brasil consigam ter a resiliência que uma carreira política exige.

Como desafios futuros, vemos que é fundamental trazer os partidos para esse compromisso com a maior representatividade – expandindo-se para os vários grupos majoritários e minoritários ainda pouco representados. Também se faz necessário pensar no impacto das novas tecnologias para uma democracia mais igualitária do ponto de vista da representação. Aproveitamos aqui para lembrar que esta deve ser uma agenda de toda a ciência política, ao compreender que gênero é muito mais que identidade: é fator estruturante das nossas desigualdades.

Entendendo que o nosso papel foi, principalmente, o de dar voz às candidatas, terminamos com um pequeno texto de Benedita da Silva, mulher histórica da política que, sem ser ouvida em um evento, escreveu este poema.

Nasci mulher negra
Quiseram me fazer homem e branco
Me castraram e me impediram de ir
Mas eu não vou compactuar com isso
Eu vou gritar

Vou soltar minha voz
Para me fazer mulher livre.

No fim deste livro, mesmo restando tantas vivências não contadas, de algo temos certeza: as candidatas, vitoriosas ou não, são parte fundamental da democracia. Elas constroem a história das mulheres na política no nosso país.

Agradecimentos

Antes que este livro termine, gostaríamos de prestar alguns agradecimentos a instituições e pessoas que foram fundamentais para o desenvolvimento da nossa pesquisa acadêmica. Com o apoio dessas instituições, preocupadas com a qualidade da democracia, bem como com a ciência, foi possível ter acesso aos recursos – fossem eles financeiros, fossem de tempo – para levarmos adiante o trabalho de conhecer a realidade das candidatas.

Iniciamos agradecendo ao Instituto Update, que, com a preocupação de fortalecer iniciativas e potencializar práticas inovadoras que nascem da imaginação política das mulheres e das diversidades, vem aproximando lideranças e seus territórios da política institucional. No terceiro setor, fazem um trabalho excepcional no estímulo a inovações democráticas em toda América Latina. No Instituto Update, que entendeu a pesquisa como um caminho para a inovação, contamos com um ambiente em que havia total confiança na qualidade do nosso trabalho, bem como com portas abertas para ideias que fomos trazendo ao longo do caminho. Aprendemos muito nesse processo, e somos extremamente gratas a toda a equipe. Agradecemos também, nominalmente, a algumas pessoas do Instituto Update, como Tulio Malaspina, Marcelo Bolzan, Alejandra Parra, Beatriz Della Costa Pedreira, Carol Althaller e Ingrid Farias.

No desenvolvimento da pesquisa, contamos com uma excelente equipe de pesquisadores, que realizou um trabalho hercúleo conosco: localizou candidatas, desenvolveu entrevistas e as transcreveu. Essa equipe, a quem somos muito gratas, incluiu os cientistas políticos Guilherme Russo, Caroline Caldas, Flavia Bozza, Mayres Pequeno e João Gabriel Leal.

Nosso obrigada também aos cursos preparatórios que nos auxiliaram no contato com seus candidatos. São eles: Vamos Juntas, Goianas na Urna, Rede de Mulheres Negras de Pernambuco e Nova Frente Negra Brasileira.

Um agradecimento mais que especial às mulheres candidatas, cujas vozes constituem o maior ativo deste livro. Elas demonstraram disponibilidade de tempo, mesmo em meio a uma campanha, e tiveram paciência para contar suas histórias uma e outra vez. Somos eternas fãs dessas mulheres corajosas e cheias de vontade de mudar o país. Dessa forma, preocupadas com o sigilo das suas falas e com a sua segurança, optamos por trocar seus nomes e omitir alguns dos seus dados, mas mantivemos rigorosamente tanto as boas quanto as más notícias sobre as quais nos informaram.

É importante mencionar que este livro foi parcialmente desenvolvido com o apoio da Fundação de Amparo à Pesquisa do Estado de São Paulo, Fapesp (processo nº 2023/04679-0, vinculado ao processo temático nº 2019/27645-8), mas as opiniões, hipóteses e conclusões ou recomendações expressas neste material são de responsabilidade das autoras, e não necessariamente refletem a visão da Fapesp.

Agradecemos também aos nossos familiares e amigos. A começar por Victor (Malu) e Antonio (Débora), companheiros nas nossas jornadas, que compartilham as tarefas do cuidado conosco. Sobretudo agradecemos a Nina, Rosa e Francisco, que tiveram paciência com a mãe que trabalhou em meio ao puerpério (no caso de Malu) e com a mãe que se ausentou por semanas (no caso de Débora) para garantir que o livro fosse terminado a tempo. Obrigada pela paciência e compreensão; saibam que estamos tentando ajudar a construir um Brasil politicamente mais democrático e menos desigual também pensando em vocês.

Referências bibliográficas

ÁLVARES, M. L. M. O direito do voto e a participação política: a formação da cidadania feminina na "invenção democrática". In: Paiva, Denise (Org.). *Mulheres, política e poder*. Goiânia: Cânone, p. 53-99, 2011.

ALVES, B.M.; PITANGUY, J. *Feminismo no Brasil*: Memórias de quem fez acontecer. Rio de Janeiro: Bazar do Tempo, 2022.

AMARAL, T. *Nosso lugar*: o caminho que me levou à luta por mais mulheres na política. São Paulo: Companhia das Letras, 2020.

______; NASCIMENTO, T. Política é coisa de mulher, sim, e temos provas. *El País Brasil*, 8 mar. 2021.

ARAÚJO, C. Potencialidades e limites da política de cotas no Brasil. *Estudos Feministas*, v. 9, p. 231-252, 2001.

ARAÚJO, V.; SILOTTO, G.; CUNHA, L. R. Capital político e financiamento eleitoral no Brasil: uma análise empírica da estratégia das empresas na alocação de recursos de campanha. *Teoria & Sociedade*, v. 23, n. 2, p. 126-158, 2015.

ARCENEAUX, K. Do campaigns help voters learn? A cross-national analysis. *British Journal of Political Science*, v. 36, n. 1, p. 159-173, jan. 2006.

ASSIS, P. P. D.; LOCATELLI, L.; ALVES, V. S.; RIBEIRO, P. F. Nem formal, nem informal: a diversidade das práticas nas organizações partidárias brasileiras. *Revista de Sociologia e Política*, v. 31, e007, 2023.

AUERBACH, A. M.; THACHIL, T. How clients select brokers: Competition and choice in India's slums. *American Political Science Review*, v. 112, n. 4, p. 775-791, 2018.

AVELINO, G.; BIDERMAN, C. *Os custos da campanha eleitoral no Brasil*: uma análise baseada em evidência. São Paulo: FGV Editora, 2019.

______; ______; BARONE, L.S. Articulações intrapartidárias e desempenho eleitoral no Brasil. *Dados*, v. 55, p. 987-1013, 2012.

AZEVEDO, V.; FARIA, F.; PITOMBO, J.P. Mulheres são 46% dos filiados a partidos políticos. *Folha de S.Paulo*, 24 jul. 2022.

BALDEZ, L. The UN Convention to Eliminate all Forms of Discrimination against Women (CEDAW): A new way to measure women's interests. *Politics & Gender*, v. 7, n. 3, p. 419-423, 2011.

BARDALL, G.; BJARNEGÅRD, E.; PISCOPO, J.M. How is political violence gendered? Disentangling motives, forms, and impacts. *Political Studies*, v. 68, n. 4, p. 916-935, 2020.

______; BOROVSKY, G. *Prevenir a violência contra as mulheres durante as eleições*: um guia programático. [s.l.]: ONU Mulheres, 2020. Disponível em: <https://www.onumulheres.org.br/wp-content/uploads/2021/12/Guia-VCME_web.pdf>.

BERNHARD, R.; DE BENEDICTIS-KESSNER, J. Men and women candidates are similarly persistent after losing elections. *Proceedings of the National Academy of Sciences*, v. 118, n. 26, p. e2026726118, 2021.

BESLEY, T. et al. Gender quotas and the crisis of the mediocre man: Theory and evidence from Sweden. *American Economic Review*, v. 107, n. 8, p. 2.204-2.242, 2017.

BHALOTRA, S.; CLOTS-FIGUERAS, I.; IYER, L. Pathbreakers? Women's electoral success and future political participation. *The Economic Journal*, v. 128, n. 613, 2018.

BIROLI, F. *Gênero e desigualdades*: limites da democracia no Brasil. São Paulo: Boitempo, 2018.

BITTAR, P. Bancada feminina articulou aprovação de mais de 200 projetos nesta legislatura; 78 viraram leis. Disponível em: <https://www.camara.leg.br/noticias/931606-bancada-feminina-articulou-aprovacao-de-mais-de-200-projetos-nesta-legislatura-78-viraram-leis/>. Acesso em: 19 mar. 2024.

BJARNEGÅRD, E.; KENNY, M. Revealing the secret garden: The informal dimensions of political recruitment. *Politics & Gender*, v. 11, n. 4, p. 748-753, 2015.

BOAS, T. C.; HIDALGO, F. D. Controlling the airwaves: Incumbency advantage and community radio in Brazil. *American Journal of Political Science*, v. 55, n. 4, p. 869-885, 2011.

BOLOGNESI, B.; RIBEIRO, E.; CODATO, A. Uma nova classificação ideológica dos partidos políticos brasileiros. *Dados, Revista de Ciências Sociais*, v. 22, n. 2, p. 1-29, 2023.

BORBA, F. et al. *Boletim Trimestral*. [s.l.] Observatório da violência política e eleitoral no Brasil, 2020. Disponível em: <http://giel.uniriotec.br/files/Boletim%20Trimestral%20n%C2%BA4%20-%20Out-Nov-Dez%202020.pdf>.

______. *Boletim Trimestral*. [s.l.] Observatório da violência política e eleitoral no Brasil, 2022. Disponível em: <http://giel.uniriotec.br/files/Boletim%20Trimestral%20n%C2%BA%2011%20-%20Julho-Agosto-Setembro%202022.pdf>.

BORGES MARTINS DA SILVA, M.; GATTO, M. A. C. Stigmatized campaign practices and the gendered dynamics of electoral viability. *Journal of Politics in Latin America*, v. 13, n. 3, p. 376-399, 2021.

BRAGA, M. DO S. S.; SPECK, B. Organização partidária e carreiras políticas no nível local. *Anais do XII Encontro da Brazilian Studies Association (Brasa).* King's College, Londres, p. 20-23, 2014.

BRASIL. Lei nº 14.192, de 4 de agosto de 2021. Estabelece normas para prevenir, reprimir e combater a violência política contra a mulher. In: Brasília, DF: *Diário Oficial da União*, 2021.

BUCKLEY, F. Going alone and taking the independent route: New insights on female candidate emergence. *European Journal of Politics and Gender*, v. 3, n. 3, p. 349-370, 2020.

BUENO, N. S.; DUNNING, T. Race, resources, and representation evidence from Brazilian politicians. *World Politics*, v. 69, n. 2, p. 327-365, 2017.

BUSER, T.; YUAN, H. Do women give up competing more easily. *Evidence from the Lab and the Dutch Math Olympiad. Tinbergen Institute Discussion Papers*, p. 16-096, 2016.

BUTLER, D. M.; PREECE, J. R. Recruitment and perceptions of gender bias in party leader support. *Political Research Quarterly*, v. 69, n. 4, p. 842-851, 2016.

CAMPOS, L. A. Socialismo moreno, conservadorismo pálido? Cor e recrutamento partidário em São Paulo e Rio de Janeiro nas eleições de 2012. *Dados, Revista de Ciências Sociais*, v. 58, n. 3, p. 689-719, 2015.

_____. *Raça e gênero nas eleições de 2020*: avanços e desafios. [s.l.] Friedrich-Ebert-Stiftung (FES) Brasil, 2021. Disponível em: <https://library.fes.de/pdf-files/bueros/brasilien/17617.pdf>.

CAREY, J. M.; SHUGART, M. S. Incentives to cultivate a personal vote: A rank ordering of electoral formulas. *Electoral Studies*, v. 14, n. 4, p. 417-439, 1995.

CAROLINA, Á. "Acabou o mandato, e comemorei como Galvão Bueno na Copa de 94". *piauí*, 27 jun. 2023.

CATALANO WEEKS, A.; BALDEZ, L. Quotas and qualifications: The impact of gender quota laws on the qualifications of legislators in the Italian parliament. *European Political Science Review*, v. 7, n. 1, p. 119-144, 9 2014.

CELIS, K., CHILDS, S. Kantola, J. & KROOK, M. L. Rethinking women's substantive representation. *Representation*, v. 44, n. 2, p. 99-110, 2008.

_____. Constituting women's interests through representative claims. *Politics & Gender*, v. 10, n. 2, p. 149-174, 2014a.

_____; ERZEEL, S.; MÜGGE, L. & DAMSTRA, A. Quotas and intersectionality: Ethnicity and gender in candidate selection. *International Political Science Review*, v. 35, n. 1, p. 41-54, 2014b.

_____; CHILDS, S. L. *Gender, conservatism and political representation.* [s.l.] ECPR Press, 2014.

_____; ERZEEL, S. Beyond the usual suspects: Non-left, male and non-feminist MPs and the substantive representation of women. *Government and Opposition*, v. 50, n. 1, p. 45-64, 2015.

CHAMA, M. *Las mujeres y el poder*. Buenos Aires: Ciudad Argentina, 2001.

CHIVA, C. *Gender, institutions and political representation*: Reproducing male dominance in Europe's new democracies. Nova York: Palgrave MacMillan, 2017.

CLAYTON, A.; O'BRIEN, D. Z.; PISCOPO, J. M. All male panels? Representation and democratic legitimacy. *American Journal of Political Science*, v. 63, n. 1, p. 113-129, 2019.

CRENSHAW, K. Demarginalizing the intersection of race and sex: A black feminist critique of antidiscrimination doctrine, feminist theory and antiracist politics. *University of Chicago Legal Forum*, v. 139, p. 139-167, 1989.

_____. Mapping the margins: Intersectionality, identity politics, and violence against women of color. In: ALBERTSON FINEMAN, M. (Org.). *The Public Nature of Private Violence: Women and the Discovery of Abuse*. Nova York: Routledge, 1994.

D'ÁVILA, M. *Revolução Laura*: reflexões sobre maternidade & resistência. Caxias do Sul: Belas-Letras, 2019.

DILLON, I. Circular. *Jornal Gazeta de Notícias*, 25 ago. 1890.

DITTMAR, K. Urgency and ambition: The influence of political environment and emotion in spurring US women's candidacies in 2018. *European Journal of Politics and Gender*, v. 3, n. 1, p. 143-160, 2020.

FEIERHERD, G. How mayors hurt their presidential ticket: Party brands and incumbency spillovers in Brazil. *The Journal of Politics*, v. 82, n. 1, p. 195-210, 2020.

FOA, R. S. et al. *The Global Satisfaction with Democracy Report 2020*. Cambridge: Centre for the Future of Democracy, 2020. Disponível em: <https://www.cam.ac.uk/system/files/report2020_003.pdf>.

FONSECA, J. X.; FACHIN, Z. A. A participação da mulher na política brasileira: obstáculos e desafios. *Estudos Políticos*, v. 9, n. 18, p. 3-23, 2018.

FOSCHI, M. Double standards in the evaluation of men and women. *Social Psychology Quarterly*, v. 59, n. 3, p. 237-254, 1996.

FOX, R. L.; LAWLESS, J. L. Entering the arena? Gender and the decision to run for office. *American Journal of Political Science*, v. 48, n. 2, p. 264-280, 2004.

_____. To run or not to run for office: Explaining nascent political ambition. *American Journal of Political Science*, v. 49, n. 3, p. 642-659, 2005.

_____. If only they'd ask: Gender, recruitment, and political ambition. *The Journal of Politics*, v. 72, n. 2, p. 310-326, 2010.

FUNDAÇÃO PERSEU ABRAMO. Benedita da Silva completa 80 anos e a FPA a homenageia. Disponível em: <https://fpabramo.org.br/2022/04/26/benedita-da-silva-completa-80-anos-e-a-fpa-a-homenageia/>. Acesso em: 25 mar. 2024.

FUNK, K. D.; PHILIPS, A. Q. Representative budgeting: Women mayors and the composition of spending in local governments. *Political Research Quarterly*, v. 72, n. 1, p. 19-33, 2019.

GARCIA, G. A 4 dias das eleições, 9 partidos não repassam fundo mínimo a mulheres. *UOL*, 28 set. 2022.

GATTO BOUERI, A.; SOARES, M. Mulheres negras recebem apenas 20% dos recursos de homens brancos. *Gênero e Número*, 19 set. 2022.

GATTO, M. A. C. *Endogenous Institutionalism and the Puzzle of Gender Quotas: Insights from Latin America*. Oxford: University Oxford, 2016.

_____; DOS SANTOS, P. A. G.; WYLIE, K.N. Gendering coalitional presidentialism in Brazil. *Journal of Politics in Latin America*, v. 14, n. 3, p. 311-337, 2022.

_____; THOMÉ, D. Resilient aspirants: Women's candidacies and election in times of Covid-19. *Politics & Gender*, v. 16, n. 4, p. 1.001-1.008, 2020.

_____; _____. +Representatividade: Reformas eleitorais. . [s.l: s.n.]. Disponível em: <https://www.institutoupdate.org.br/maisrepresentatividade/representatividade-reformas-eleitorais/>.

_____; RUSSO, G. A.; THOMÉ, D. *Mais representatividade*: Eleições 2020. [s.l.] Instituto Update, 2021. Disponível em: <https://www.institutoupdate.org.br/maisrepresentatividade/>.

_____; WYLIE, K. N. Informal institutions and gendered candidate selection in Brazilian parties. *Party Politics*, v. 28, n. 4, p. 727-738, 2021.

GERBER, A. S. Does campaign spending work? Field experiments provide evidence and suggest new theory. *American Behavioral Scientist*, v. 47, n. 5, p. 541-574, 2004.

GOMES, B. Violência atinge 75% de candidatas a prefeita em capitais. *Estado de S. Paulo*, 10 jan. 2021.

GONZÁLEZ, L. *Por um feminismo afro-latino-americano*. São Paulo: Editora Schwarcz-Companhia das Letras, 2020.

HOLLAND, A. C.; PALMER-RUBIN, B. Beyond the machine: Clientelist brokers and interest organizations in Latin America. *Comparative Political Studies*, v. 48, n. 9, p. 1.186-1.223, 2015.

HOLM, M. Violence against women in politics: Emerging perspectives, new challenges. *European Journal of Politics and Gender*, v. 3, n. 2, p. 295-297, 2020.

HOYLER, T.; MARQUES, E. Política local e coordenação intrapartidária nas dobradas eleitorais paulistanas. *Revista Brasileira de Ciências Sociais*, v. 38, p. e3811001, 2023.

JACOBSON, G. C. How do campaigns matter?. *Annual Review of Political Science*, v. 18, 2015, p. 31-47, 2015.

JENSENIUS, F. R. Competing inequalities? On the intersection of gender and ethnicity in candidate nominations in Indian elections. *Government and Opposition*, v. 51, n. 3, p. 440-463, 2016.

JENSON, J.; VALIENTE, C. Comparing two movements for gender parity. In: BANASZAK, L. A.; BECKWITH, K.; RUCHT, D. (Orgs.). *Women's Movements Facing the Reconfigured State*. Nova York: Cambridge University Press, p. 63-93, 2003.

JÚLIO, P.; TAVARES, J. The good, the bad and the different: Can gender quotas raise the quality of politicians?. *Economica*, v. 84, n. 335, p. 454-479, 2017.

JUSTIÇA ELEITORAL. TSE entende ser aplicável reserva de gênero para mulheres nas eleições para órgãos partidários. Disponível em: <https://www.tse.jus.br/comunicacao/noticias/2020/Maio/tse-entende-ser-aplicavel-reserva-de-genero-para-mulheres-nas-eleicoes-para-orgaos-partidarios>. Acesso em: 18 mar. 2024.

KOSTER, M.; EIRÓ, F. Clientelism in Northeast Brazil: Brokerage within and outside electoral times. *Contemporary Social Science*, v. 17, n. 3, p. 222-234, 2022.

KROOK, M. L.; RESTREPO SANÍN, J. Gender and political violence in Latin America. Concepts, debates and solutions. *Política y gobierno*, v. 23, n. 1, p. 127-162, 2016.

LAPOP. *The Americas Barometer*. Latin American Public Opinion Project, 2023. Disponível em: <www.LapopSurveys.org>.

LEE, Y.-I. The leaky pipeline and sacrificial lambs: Gender, candidate nomination, and district assignment in South Korea's national legislative elections. *Electoral Studies*, v. 59, p. 27-38, 2019.

LEMOS, I.; LINS, C. Conheça os vencedores do Prêmio Congresso em Foco 2023. Disponível em: <https://congressoemfoco.uol.com.br/area/congresso-nacional/conheca-vencedores-do-premio-congresso-em-foco-2023/>. Acesso em: 19 mar. 2024.

MACKAY, Fiona; WAYLEN, Georgina. Feminist institutionalism. *Politics & Gender*, v. 5, n. 2, p. 237-237, 2009.

______. Introduction: Gendering new institutions. *Politics & Gender*, v. 10, n. 4, p. 489-494, 2014.

MAGALHÃES, L. D. Incumbency effects in a comparative perspective: Evidence from Brazilian mayoral elections. *Political Analysis*, v. 23, n. 1, p. 113-126, jan. 2015.

MARQUES, D.; CELINI, T .P.; DOS SANTOS, L. F. Carreiras políticas de mulheres no Brasil: aprofundando o debate a partir da nova bancada feminina da Câmara dos Deputados (2019-2022). *Revista Feminismos*, v. 9, n. 2, 2021.

MARSHALL, J. Can Close election regression discontinuity designs identify effects of winning politician characteristics?. *American Journal of Political Science*, v. 68, n. 2, p. 494-510, 2022.

MELO, J. Violência política de gênero: Brasil registra sete casos a cada 30 dias. *Portal CNJ*, 7 dez. 2022. Disponível em: <https://www.cnj.jus.br/violencia-politica-de--genero-brasil-registra-sete-casos-a-cada-30-dias/>. Acesso em: 18 mar. 2024.

MELO, H. P.; THOMÉ, D. *Mulheres e poder*: histórias, ideias e indicadores. Rio de Janeiro: FGV Editora, 2018.

______. Um olhar de gênero nas comemorações da Independência do Brasil: 1922-2022. In: FERREIRA, M. M. (Org.). *1922: o passado no presente, permanências e transformações*. Rio de Janeiro: FGV Editora. 2022.

MENDONÇA, H. Deputadas tentam conciliar maternidade e política e cobram acolhimento do Congresso. *CNN Brasil*, 28 ago. 2022.

NICHTER, S.; PERESS, M. Request fulfilling: When citizens demand clientelist benefits. *Comparative Political Studies*, v. 50, n. 8, p. 1.086-1.117, 2017.

OUR WORLD IN DATA. *Share of Women in Parliament*. Disponível em: <https://ourworldindata.org/grapher/share-of-women-in-parliament?time=1990..latest&country=OWID_SAM~OWID_WRL~OWID_EUR>.

PHILLIPS, A. *The politics of presence*. Oxford: Clarendon Press, 1995.

PINTO, C.R.J. Feminismo, história e poder. *Revista de Sociologia e Política*, v. 18, p. 15-23, 2010.

PISCOPO, J. M. State capacity, criminal justice, and political rights. Rethinting violence against women in politics. Politica y Gobierno, v. 23, n. 2, p. 437-458, 2016.

______; KENNY, M. Rethinking the ambition gap: Gender and candidate emergence in comparative perspective. *European Journal of Politics and Gender*, v. 3, n. 1, p. 3-10, 2020.

______; HINOJOSA, M.; THOMAS, G.; SIAVELIS, P. M. Follow the Money: Gender, Incumbency, and Campaign Funding in Chile. Comparative Political Studies, v. 55, n. 2, p. 222-253, 2022.

PITKIN, H. F. *The Concept of Representation*. Berkeley: University of California Press, 1967.

PORTAL DA CÂMARA DOS DEPUTADOS. Decreto nº 3.029, de 9 de janeiro de 1881. Disponível em: <https://www2.camara.leg.br/legin/fed/decret/1824-1899/decreto-3029-9-janeiro-1881-546079-publicacaooriginal-59786-pl.html>. Acesso em: 18 mar. 2024.

RESTREPO SANÍN, J. *Violence Against Women in Politics in Latin America*. New Brunswick: Rutgers University, 2018.

ROBERTS, T.-A.; NOLEN-HOEKSEMA, S. Gender comparisons in responsiveness to others' evaluations in achievement settings. *Psychology of Women Quarterly*, v. 18, n. 2, p. 221-240, 1994.

SACCHET, T.; SPECK, B. W. Financiamento eleitoral, representação política e gênero: uma análise das eleições de 2006. *Opinião Pública*, v. 18, n. 1, p. 177-197, 2012.

SAMUELS, D. Incumbents and challengers on a level playing field: Assessing the impact of campaign finance in Brazil. *The Journal of Politics*, v. 63, n. 2, p. 569-584, 2001.

SANCHEZ, B. R. *Teoria política feminista e representação substantiva: uma análise da bancada feminina da Câmara dos Deputados*. Dissertação de mestrado. São Paulo: Universidade de São Paulo, 2017.

SANTANA, J. "Gorda", "porca", "burra": candidatas recebem mais de 40 xingamentos por dia no Twitter durante campanha eleitoral. *AzMina*, 5 nov. 2020.

SCHEIDWEILER, G.; OLIVEIRA, A. C. S.; SOUSA, J. K. L. L. de. Mulheres parlamentares e representação substantiva no Brasil. *Revista Estudos Feministas*, v. 31, p. e79898, 2023.

SCHPUN, M. R. Entre feminino e masculino: a identidade política de Carlota Pereira de Queiroz. *Cadernos Pagu*, n. 12, p. 331-377, 1999.

SCHWINDT-BAYER, L. A. Women who win: Social backgrounds, paths to power, and political ambition in Latin American legislatures. *Politics and Gender*, v. 7, n. 1, p. 1-33, 2011.

_____; MISHLER, W. An integrated model of women's representation. *The Journal of Politics*, v. 67, n. 2, p. 407-428, 2015.

SECRETARIA DE POLÍTICAS DE PROMOÇÃO PARA A IGUALDADE RACIAL. *A participação de mulheres negras nos espaços de poder*. Disponível em: <http://www.biblioteca.presidencia.gov.br/publicacoes-oficiais/catalogo/dilma/seppir_a-participacao-mulheres-negras-espacos-de-poder_2015.pdf/view?TSPD_101_R0=086567d05fab2000e2ef569c1109dd756c1d32c958ef8aa9f2d6f2cc017578cebbef5dc5a773c0a80891f88e8514300047dadeba420156d225bc6c8f8ffaf1b8864b81fdd3785cd595743e8ed229409d2b7b241a9c29318fadafcba0ec1f267d>. Acesso em: 18 mar. 2024.

SORJ, B. Feminismos: conversas entre gerações. In: MORAES, A. F.; ARAUJO, A. B.; GAMA, M. C. (Orgs.). *Diálogos feministas: gerações, identidades, trabalho e direitos. Rio de Janeiro*. Rio de Janeiro: Editora da UFRJ, p. 19-36, 2000.

SPECK, B. W.; MANCUSO, W. P. A study on the impact of campaign finance, political capital and gender on electoral performance. *Brazilian Political Science Review*, v. 8, n. 1, p. 34-57, 2014.

______; ______. "Street fighters" e "media stars": estratégias de campanha e sua eficácia nas eleições brasileiras de 2014. *Cadernos Adenauer*, v. 4, p. 18, 2017.

SUDULICH, M. L.; WALL, M. How do candidates spend their money? Objects of campaign spending and the effectiveness of diversification. *Electoral Studies*, v. 30, n. 1, p. 91-101, 2011.

SUPLICY, M. Novos paradigmas nas esferas de poder. *Estudos Feministas*, v. 4, n. 1, p. 126-137, 1996.

SZWARCBERG, M. Revisiting clientelism: A network analysis of problem-solving networks in Argentina. *Social Networks*, v. 34, n. 2, p. 230-240, 2012.

THOMÉ, D. *A mulher e a política: marcas do viés de gênero na política e na política pública no Brasil*. Tese. Niterói: Universidade Federal Fluminense, 2019.

_____. Mulheres interessadas em política: evidências de um grupo de candidatas a candidatas. *Revista Feminismos*, v. 9, n. 2, 2021.

_____; DE MELO, H. P. Empregadas domésticas, cuidadoras e afazeres domésticos: o viés de gênero da pandemia de Covid-19. *Política & Sociedade*, v. 20, n. 48, p. 153-177, 2021.

_____; IZUMI, M. Gênero, dinâmicas de poder intrapartidárias e *manterrupting* no Legislativo. *Dados, Revista de Ciências Sociais* (no prelo).

TRIBUNAL SUPERIOR ELEITORAL. *Presidente do TSE reforça que candidatos e eleitores devem adotar cuidados sanitários*. Disponível em: <https://www.tse.jus.br/imprensa/noticias-tse/2020/Outubro/presidente-do-tse-reforca-que-candidatos-e-eleitores-devem-adotar-cuidados-sanitarios>. Acesso em: 30 maio 2021.

VALLEJO, A. Unequal resources, unequal careers: The role of campaign financing in the gender gap in candidates' persistence in Brazil. *Political Research Quarterly*, v. 77, n. 2, p. 633-646, 2024.

VIOLÊNCIA política contra as mulheres. Belo Horizonte. Núcleo de Estudos e Pesquisa sobre a Mulher, UFMG, 2021. Disponível em: <https://www.canva.com/design/DAEL6NtqcRA/1YUMR2F6kXK50OweOxVgrg/view?utm_content=-DAEL6NtqcRA&utm_campaign=designshare&utm_medium=link&utm_source=sharebutton&fbclid=IwAR1q0W1u_kndr1mW4UPD_80Vxmz2i-wIh14xKsO09Mic3y32cGRxuxlAt_oY#1>.

WYLIE, K. N. *Party Institutionalization and Women's Representation in Democratic Brazil*. Nova York: Cambridge University Press, 2018.

_____; DOS SANTOS, P. G. A law on paper only: Electoral rules, parties, and the persistent underrepresentation of women in Brazilian legislatures. *Politics & Gender*, v. 12, n. 3, p. 415-442, 2016.

_____; _____; MARCELINO, D. Extreme non-viable candidates and quota maneuvering in Brazilian legislative elections. *Opinião Pública*, v. 25, n. 1, p. 1-28, 2019.

Este livro foi impresso nas oficinas gráficas da Editora Vozes Ltda.,
Rua Frei Luís, 100 – Petrópolis, RJ.